누가 정부창업지원을 받는가

밤산책가 엮음

목차

머리말

장인 유형

고등학생 때부터 운영한 속옷 매장, AI 기술을 통해 개인 맞춤 추천 플랫폼까지 [비웨어랩] ………… p. 13

10년간 전국 방방곡곡을 떠돌며 전통주를 배우다 [요담엔] …… p. 27

시대의 흐름에 맞는 트렌디한 옹기를 위하여 [조은술도구] …… p. 43

가장 아름다운 형태로 옹기를 전달하다 [마루옹기] ………… p. 55

어떻게 만드는지 다 보여요 [식스볼트] ……………………… p. 67

뼛속까지 사업가 유형

어릴 적부터 천상 사업가 [제이유컴퍼니] ……………………… p. 79

간에 부담가지 않는 단백질 보충제 [미음] ……………………… p. 89

건강, 개인 맞춤 영양제와 식단으로 실현하다 [파도타다] …… p. 101

귀찮은 청소시간 우리에게 맡기고 [원위즈] …………………… p. 115

좋아하는 것 이상으로 잘 하는 사업을 위해 [컴다운] ………… p. 127

게으름뱅이를 위한 라이프 스타일 브랜드 [루티크] ………… p. 137

사업 확장 유형

베일에 감춰져 있던 계딱지를 떼다 [비응도등대가]·············· p. 147

생명과 함께하는 우리의 삶 [들꽃]···································· p. 161

P가 지원 사업하는 리얼 다큐멘터리 [으네로브]················ p. 173

문제성 피부 전문가의 피부관리 기초 화장품 키트 [꼼브레]····· p. 185

낭만 유형

기독교적 신념을 바탕으로 어르신과 요양 보호사님을 연결하다
[이레컴퍼니]·· p. 195

대학생이지만 로켓 쏠래요 [코메터]································· p. 209

대학원생에서 연구소장, 이제는 국내 최초 신소재 개발 기업
[에코파우더]··· p. 219

경력 단절 여성들과의 상생 [엠블미디어]·························· p. 231

인생을 바꿔 주었던 운동 [밀리하우스]···························· p. 241

대학원생이 알려주는 AI 창업 [익명의 대학원생]················ p. 255

머리말

처음 창업을 시작했을 때 막막했던 기억이 납니다. 이곳 저곳을 떠돌아다니며 정보를 모아 보려 하지만, 아직 창업을 하겠다는 확신도 없는 상태에서 무턱대고 누군가를 찾아가 기도 부담스러웠지요. 그렇게 우선순위도 모른 채 엄한 곳에서 방황했던 기억이 납니다.

무엇이 필요한 지 모른다면 쌓여 있는 정보도 무용지물입니다. 저는 실제로 사업을 할 때 무엇을 해야 하는지, 왜 그런지를 알고 싶었습니다. 하지만 그런 세세한 정보를 짜임새있게 듣기는 쉽지 않았습니다. 대부분의 사업은 시작한 이유에서부터 뻗어나오는데, 자신의 내밀한 이야기를 처음 보는 사람에게 선뜻 해주는 이는 잘 없기 때문입니다.

이 책은 간편하게 창업자들의 이야기를 습득하기 위해 만들어 졌습니다. 여러 창업자들의 이야기를 천천히 자신의 호흡에 맞춰 읽어보고, 그 사람들이 어떤 사고와 과정을 거쳐 사업을 시작하고 운영해왔는지에 초점이 맞추어져 있습니다. 누군가는 책을 읽고 배울만한 점을 찾아 자신을 발전시키는데 쓸 것이고, 또 누군가는 그저 남 이야기라 생각하며 지나칠 수도 있습니다. 때문에 찬찬히 글을 살피며 도움이 될 만한 부분을 얻어가셨으면 좋겠습니다.

저 역시 여러분과 크게 다를 것 없는 사업가입니다. 첫 시작의 막막함을 잘 알고 있습니다. 그래서 제가 초기에 필요했던 이야기를 많이 담았습니다. 누군가 '이렇게 해'라고 알려주는 것보다, 많은 사람들을 바라보며 스스로의 아이템을 점검해 나가는 것이 더 좋을 때가 있지요. 이 책이 여러분에게도 그런 경험을 줄 수 있으면 좋겠습니다.

   이런 저를 믿고 글을 맡겨주신 21명의 대표님, 검수에 도움을 주신 (주) scoop 김지환 대표님, 그리고 창업기관들과 많은 대표님들께 감사인사를 드립니다.

   책에 관한 피드백, 혹은 출연 요청이 있다면 아래 QR코드로 접속해주시면 됩니다.

   감사합니다.

2024/11/01 밤산책가

김희혜X비웨어랩

**고등학생 때부터 운영한 속옷 매장
AI 기술을 통해 개인 맞춤 추천 플랫폼까지**

비웨어랩

0. 아이템 소개

소곤핏

착용감을 예측하는 AI 기반 개인 맞춤형 여성 속옷 쇼핑 플랫폼.

1. **가업이 곧 천직, 여성속옷매장**

사실 저는 사업보다 장사를 먼저 시작했어요. 부모님께서 오랫동안 속옷 매장을 운영하셨거든요. 그래서 어릴 적부터 자연스럽게 매장에서 잡일도 하고, 계산도 하며 속옷이라는 것 자체가 삶의 자연스러운 일부로 받아들여졌어요.

고등학생이 되고 나서부터는 주말마다 매장 운영에 참여했어요. 그런데 생각보다 너무 재미있는 거예요. 워낙 사람들과 대화하는 걸 좋아했거든요. 속옷 매장은 특성상 굉장히 개인적인 이야기를 많이 나눈단 말이죠? 살이 찌고 빠지고 뿐 아니라 임신, 모유 수유, 가슴 수술 이야기도 하고 또 자기 몸의 콤플렉스나 체형에 대한 이야기 같은 거 말이에요. 이런 민감한 내용에 대해 이야기를 하다 보면 손님들과 금세 친해질 수 있는 게 좋았어요.

다행히 적성에도 맞았던 것 같아요. 손님들도 저를 많이 좋아해 주셨거든요. 속옷 가게는 내밀한 이야기를 하는 만큼 응대하는 직원에 따라 손님들의 만족도 변화가 몹시 커요. 오래 다닌 매장이더라도 잘 응대해 주던 직원이 그만두면 발걸음을 끊는 경우도 많고요. 그런 곳에서 칭찬도 많이 받고, 다들 저를 찾아 주시니, 뭔가, 제가 필요한 사람이 된 것 같은 기분도 들고. 그냥 모든 게 다 좋았던 것 같아요. 천직이라고 할까요?

대학에 들어간 이후에도 계속 매장을 운영했어요. 집안이 운영하는 매장만 여섯 군데이다 보니 제가 함께해야 했거든요. 워낙 바빠서 첫 학기는 제대로 다니지도 못하고 바로 이년 정도 휴학을 했어요. 그렇게 열심히 장사를 하다가 다시 대학에 돌아왔을 때, 저는 깜짝 놀랐어요. 경영학과 수업들이 제가 했던 고민에 대한 답을 제시해 주고 있었거든요. 재고 관리라던가 데이터를 기반으로 한 경영 의사소통 같은 것들이요. 그러다 보니 학교 공부도 정말 재미있었어요. 교수님과 함께 슈퍼컴퓨터를 활용한 데이터 커뮤니케이션에 관한 논문도 써 보고, 학교 선배와 함께 속옷 추천을 해주는 챗봇도 만들어 보고…. 이랬던 경험들이 사업을 시작하는 데 많은 도움을 주었어요. 문과가 가지고 있는, 기술에 대한 막연한 어려움을 많이 해소해 주었거든요.

2. 장사에서 사업으로

사실 사업이 뭔지도 모르던 시절에도 막연히 생각은 하고 있었던 것 같아요. 어릴 때부터 속옷이 인생에서 당연한 것이긴 했지만, 매장에서 본 엄마의 모습은 늘 바빴거든요. 휴일도 없이 일하시느라 학교 다니는 12년 동안 김밥 한 번 싸주신 적이 없을 정도였으니 말 다했죠. 저는 속옷은 좋아도 그 바쁨까지 물려받고 싶지는 않았어요. 그래서 그때부터 계속, 새로운 방식으로 속옷을 팔아야겠다는 생각은 해왔어요. 지금 돌이켜 보면 장사에서 사업으로 나아가고 싶다는 생각이었죠.

하지만 매장을 직접 운영하면서부터는 생각이 조금씩 바

뀌었어요. 아무래도 매장에서 사람들과 함께 부대끼고 친해지다 보면 그 사람들을 돈이나 사업 수요자로만 생각할 수 없게 되거든요. 특히 고민 상담도 많이 하고, 몸 치수도 손수 재주며 스킨십도 많이 하다 보니, 그 사람들이 '소비자'라기보다는 정말 저의 '이웃'이라는 생각이 더 많이 들어요. 그렇게 새로운 방식으로 속옷을 팔아야 한다는 생각 자체는 변하지 않았지만, 점차 편의성보다는 사람들의 고민에 더 집중하게 되었어요. '소비자들이 더 편한 선택'이라는 모토는 이런 배경에서 형성되었어요.

이전에는 사람들이 저를 칭찬해 주는 게 좋았다고 했잖아요? 대화도 잘해주고 추천도 잘해준다고. 하지만 반대로 생각해 보면 그분들은 다른 곳에서는 저처럼 응대를 잘하는 사람을 만나지 못했다는 뜻이기도 했어요. 직원에 따라 만족도가 다르다는 것은 단순히 제가 잘하고 끝날 문제가 아니라, 다른 매장에서는 만족하지 못할 만큼의 서비스를 받고 있다는 뜻이 될 수도 있고요. 그렇다면 제가 보다 쉽게 속옷을 판매할 수 있다는 것은 더 많은 사람들에게 제가 그동안 갈고 닦은, 만족도 높은 서비스를 제공할 수 있다는 뜻이라는 생각이 들었어요.

사람들이 저에게 칭찬해 주었던, '만족한다'라는 것은 어떤 의미였을까요? 아마 대화하는 게 즐거운 것도 있었을 거고, 추천을 잘해드리는 것도 있었을 거예요. 사실 속옷 추천은 생각보다 더 어려운 일이에요. 같은 사이즈더라도 브랜드마다 측정 방법이 조금씩 달라, 새 브랜드에 도전할 때마다 사이즈 측정을 다시 해봐야 하거든요. 저는 기준이 통일되어 있지 않은 것, 즉, 공급자 중심의 시장이 소비자들에게 불편을 준다고 생각했어요.

이 문제는 단순히 제가 좋은 속옷 브랜드를 개발한다고 해서 해결될 문제는 아니에요. 소비자들에게는 제가 만든 속옷도 결국 또 다른 기준으로 만든 제품일 뿐일 테니까요. 그래서 소비자들의 고민을 해결하기 위해서는 기존에 있던 속옷을 잘 분류하고 추천하는 일이 필요하다는 생각이 들었어요. 그렇다면 자연스럽게 새로운 기준, 기존 시장에 있던 모든 속옷을 통일할 하나의 도량형을 만들어야 했지요.

하지만 필요성을 느낀다고 곧바로 사업을 시작할 수는 없었어요. 왜냐하면 너무 바빴거든요. 매장 6개를 동시에 관리해야 했어요. 정말 눈코 뜰 새 없어서 사업은 언젠가 해야지 해야지 하기만 하고 막상 실행으로 옮기지를 못하고 있었죠. 그러다 결정적인 계기가 되었던 시기가 코로나 때였어요.

코로나 시기가 되자 손님들이 매장으로 오지 못하게 되었어요. 하지만 속옷은 생필품이잖아요. 부랴부랴 스마트 스토어를 오픈했는데, 직접 치수를 재고 체형에 따라 추천해 드렸을 때보다 훨씬 서비스의 질이 떨어질 수밖에 없었어요. 그제야 오랫동안 생각하던 것을 실행하겠다고 다짐하게 되었어요.

3. 전라남도 목포시 4차산업 활용 청년창업지원사업을 받다(이하, '목포창업')

원래 지원 사업에 대해 거의 아는 것이 없었어요. 예비창업패키지랑 초기창업패키지 정도만 들어봤지, 저희 부모님도 그렇고 이런 쪽으로는 잘 모르셨거든요. 그런데 운이 좋게도 목포시에서 4차산업과 관련된 7천만 원짜리 청년 창업 지원이 나와서 얼른 신청했어요. 마침 저도 제가 가진 문제의식을 해결할 방법으로 AI를 염두에 두고 있었기 때문에 딱 맞았었죠.

많은 해결법 중 AI를 선택한 이유는 현실성과 명료성 때문이었어요. 제가 사업을 시작한 이유는 제 눈에 보이는 고객뿐 아니라 모든 사람의 고민을 해결해 주고 싶은데, 모든 사람이 만족할 만한 직원을 세상의 모든 고객 수만큼 준비하는 것은 불가능하니까요. 동시에 제가 가진 노하우를 일관성 있게 진행하기 위해서는 두루뭉술한 경험의 영역이 아닌 명료한 지표로 나타낼 수 있어야 했어요. 제가 이야기했던 도량형 말이에요.

저희는 가슴의 형태를, 체형을 기준으로 나누었어요.

(1) 가로로 갈랐을 때 위 아래 비중
(2) 세로로 갈랐을 때 가슴의 방향
(3) 양 가슴 간의 거리

    이 세 가지 요소가 각각 작용한다고 했을 때 총 27가지의 가슴 유형이 나오죠. 이를 토대로 유사한 사람들 간에 만족했던 속옷을 추천해 주는 AI를 만든다면 훨씬 쉽고 빠르게, 많은 사람에게 속옷 추천 서비스를 제공할 수 있을 것이라 생각했어요.

    하지만 사실 말처럼 간단하지는 않았어요. 예전에야 사이즈만 잘 맞춰도 만족해하시는 분들이 계셨지만, 사실 속옷은 그 외에도 살릴 수 있는 많은 요소가 들어가 있거든요. 패션이나 기능적인 요소 같은 것 말이에요. 평소 비치는 옷을 입는지, 유니폼을 입는지, 편한 걸 바라는지, 그것보다는 예쁜 게 더 중요한지, 입는 목적은 어떤 것인지, 집에 있는 속옷은 어떤 것들인지…. 이것들을 종합적으로 고려할 때, 진정한 의미에서의 '추천'이라고 할 수 있겠죠. 매장에서는 고객별 카드를 만들어 따로 기재해 두었는데, 프로그램을 이용한다면 자동화시킬 수 있을 거고요. 저에게 남은 숙제는 프로그램이 주는 솔루션이, 제가 직접 추천을 드리는 만큼의 서비스 만족도를 보장하도록 하는 거였어요. '추천'이라는 것을 내세웠으니 정말 정확하게 보여줄 수 있어야 하거든요.

프로그램을 만든 후, 근처 목포대학교에서 설문조사를 진행했어요. 당시 직원이 목포대학교 학생이었던지라 설문조사에 참여할 사람을 수소문할 수 있었거든요. 다행히 만족도가 90퍼센트 가까이 나왔고, 이후 속옷과 관련된 플랫폼 커뮤니티가 형성된다면 참여할 것 같은지에 대한 답변도 긍정적으로 나왔어요. 이후 임시로 홈페이지를 만들어서 가슴 유형 테스트 후 구매까지 얼마나 이어지는지를 테스트해 보았는데, 한 달 만에 800만 원 정도의 매출이 나왔지요.

그 외에 목포창업에 대해 기억에 남았던 건⋯ 굉장히 하드했던 지원 사업이었다는 거예요. 창업 닥터라고 해서 세무, 비즈니스 모델, 노무, 마케팅 등 전반적으로 창업에 필요한 모든 사항을 교육해 준다는 느낌이 강했거든요. 심지어 워크숍을 갔는데도 정말로 교육으로 꽉꽉 채워져 있었다니까요? 그래도 그때 열심히 한 덕분에 비즈니스 모델에 관해 고려를 많이 해볼 수 있었어요.

이곳에서 만난 멘토님이 인천에서 청년창업사관학교를 하시던 분이었어요. 도움을 정말 많이 주셨고, 저에게 청년창업사관학교를 추천해 주셨어요. 사실 지원하기 전만 하더라도 그렇게 친숙한 지원 사업은 아니었지만, 멘토님을 믿고 지원하게 되었습니다.

4. 청년창업사관학교에 입교하다(이하, '청창사')

청년창업사관학교에 들어올 때는 프로그램 개발보다는 플랫폼에 조금 더 초점을 맞추었어요. 제가 만든 프로그램을, 단순히 속옷을 추천해 주는 쇼핑몰 보조 프로그램으로 활용할 수도 있겠지만, 저는 사람들의 마음에 더 다가가고 싶었어요. 제가 매장에서 여러 손님과 이야기하며 느낀 것은 자신의 고민을 털어놓고 그에 대해 이야기하는 것 자체가 어느 정도는 심적으로 도움을 준다는 것이었거든요.

현재 저희가 운영하는 플랫폼의 이름은 〈소곤핏〉이에요. 속옷이라는 의미와 소곤소곤, 우리들의 고민을 이야기한다는 의미를 중의적으로 담아보려 했어요. 자신의 속옷 선택이나 가슴에 대한 여러 고민을 털어놓을 수 있는 커뮤니티죠. 단순히 게시판만 있는 것이 아니라 속옷에 관한 다양한 콘텐츠를 업로드하고 있어요. 할인하는 속옷들을 각자의 체형에 따라 추천해 주는 것은 물론, '임산부는 언제부터 브라를 착용해야 하는지', '잘 때도 브라를 착용하는 게 건강에 좋은지'와 같은 건강 정보, 그리고 '벌어진 가슴 자가 진단'같은 참여형 콘텐츠도 함께 업로드하고 있어요. 다양한 방법으로 사람들에게 도움이 되고자 합니다.

현재 사이트를 오픈한지 한 달 정도밖에 되지 않았는데도 사이트 하루 이용자 수를 몇백 명 단위까지 확보하였어요. 인스타 광고에 사람들이 많은 관심을 가져준 덕분이지요. 지금 목표는 이것을 수천 명 단위까지 올리는 것인데, 마케팅이 정말 어려운 것 같아요. 열심히 책을 보며 공부하고 있습니다!

5. 사업에서 중요한 것은 니즈와 돈, 그리고 기회

우선, 무조건 소비자의 니즈에 맞아야 한다는 거예요. 제가 아무리 대단한 걸 만들어도, 사용자들에게 선택받지 않으면 비즈니스적으로 성공했다고는 할 수 없으니까요. 그래서 요즘에는 기획에 관심이 많아요. 세상에게 선택받는 서비스에 관해 배우는 것이니까요. 사실 스타트업이다 보니 다들 바쁘고 우당탕탕하게 되는데, 그 와중에도 늘 최대한 우선순위를 정하고, 또 그걸 우선순위로 정한 이유가 무엇인지 꾸준히 생각하려 합니다.

두 번째는 돈을 버는 거예요. 먹고 사는 문제도 문제지만, 사실 저는 그것보다도 투자를 받는 것 때문에 중요하다고 생각해요. 초기에는 지원 사업으로도 감당이 되겠지만 점차 사업을 키우려 하다 보면 더 큰 자금이 필요할 것이고, 결국에는 투자를 받아야 해요. 그렇다면 이때 저의 기업가치를 투자자에게 설득할 수 있어야 하잖아요? 그런데 스타트업들은 대개 수익이 꾸준히 있는 경우도 잘 없고, 앞으로 꾸준할 것인지에 대해서도 확신이 없어요. 그렇다 보니 빛 좋은 개살

구로 보이지 않으려면 재무적인 부분을 꼭 신경 써야 해요.

  그리고 기회를 잘 잡는 것도 중요해요. 기회는 간혹 위기의 가면을 쓰고 다가오기도 해요. 이전에 갑자기 속옷 브랜드 본사에서 반품을 받아주지 않은 적이 있었어요. 그래서 왜 그렇냐고 여쭤보니 악성 재고 탓에 창고에 자리가 없다는 거예요. 사실 저희 매장 입장에서도 반품이 안 되면 고스란히 악성 재고이니 화를 낼 수도 있었지만, 문득 그런 생각이 들더라고요. 속옷 악성 재고는 대개 사이즈의 다양함에서 나와요. 사이즈가 다양하다 보니 한 사이즈당 맞는 사람이 적을 수밖에 없고, 그럼 남은 물건은 재고가 되니까요. 그렇다면 악성 재고를 싼값에 사들여서 재고가 많은 체형들을 모아 싸게 공구를 하면 좋지 않을까? 라는 생각을 할 수 있는 거죠.

장준혁X요담엔

10년간 전국 방방곡곡을 떠돌며 전통주를 배우다

오답엔

0. 아이템 소개

요막키

'쌀누룩'을 활용한 제로슈가 블로썸 막걸리 키트.

1. 대학도 포기한 채 시작한 카페의 폐업, 그리고 전통주

어릴 적부터 사업에 대한 생각은 강했습니다. 저는 친가와 외가가 모두 공직에서 일을 하고 계셨는데, 사업하는 집 친구들을 보면 용돈도 많이 받고 프리하게 인생을 사는 것 같았어요. 그걸 보면서 저도 다짐했죠. 나도 어른이 되면 꼭 플렉스 하는 사장님이 되어야지. 그 꿈을 위해 열심히 공부해 유명 대학 경영학과에 합격까지 했습니다.

그런데 막상 대학 OT 자리에 가 보니 여러모로 제 생각과는 많이 다른 것 같았어요. '차라리 이 등록금으로 사업을 하는 게 낫지 않을까?'라는 생각이 들자, 저는 지체 없이 입학을 취소해 버렸습니다. 그리고 카페를 차렸어요.

스무 살에 처음 시작한 사업은 빛의 속도로 망했습니다. 어린 나이에 큰돈이 들어오니 희열을 주체하지 못하고 흥청망청 다 써버렸어요. 폐업하고 나니 굉장히 자존심이 상했죠. '아, 이거 안 되겠다, 사업으로 다시 성공해야겠다' 그런 마음이었어요. 그리고 곧바로 다음 사업을 찾아보았습니다. 지금 생각해 보면 그때 사업이 망한 것은 후에 사업을 진행하면서 좋은 교훈이 된 것 같아요. 스키를 탈 때 넘어지는 방법을 먼저 배우듯, 사업을 시작하기 전에 망하는 방법을 먼저 배우니 훨씬 더 차분하게, 또 진지하게 사업에 임할 수 있게 되었거든요.

아무튼, 그때 당시에는 그렇게까지 생각하지 못한 채 전통시장에서 청년 창업가를 찾는다는 공고를 보았어요. 금이 간 자존심을 회복할 생각이 가득했던 저는 무엇을 파는 게 좋을까 생각했죠. 전통시장이니 그에 맞는 컨셉이 뭐가 있을까 고민해 보니 전통주가 떠올랐습니다. 비아 막걸리나 무등

산 막걸리처럼 막걸릿집을 하면 잘 되겠다 싶었어요. 그때는 저도 전통주에 대해 전혀 몰랐기 때문에 전통주에 관해 먼저 찾아보았습니다.

전통주 공부를 시작하다 보니 그 종류가 생각보다 굉장히 다양하다는 것을 알게 되었어요. 막걸리 정도만 있는 줄 알았더니 법적으로만 봐도 탁주, 청주, 증류식 소주, 과실주, 기타 주류 5개로 나뉘어져 있고, 그 안에는 또 수많은 종류의 술들이 있더라고요. 게다가 단순히 '무슨 맛이 나는 술'이라며 끝나는 것이 아니라 술에 얽힌 다양한 이야기들이 있었어요. 그 스토리를 하나하나 찾아가다 보니 전통주를 마시기도 전에 이미 그 매력에 푹 취해버렸죠.

그 후로 오랫동안 시골을 전전하며 전통주를 배웠어요. 술이 있는 자리가 곧 사람이 있는 자리잖아요? 그곳에서 사람들을 통해 많은 것을 배웠어요. 지식뿐만 아니라 술 안에 녹아 있는 문학 이야기나 역사 이야기, 또 사람 사는 이야기를 나누며 인생을 살아가는 데 있어 많은 깨달음을 얻었습니다. 그래서 그때는 그냥 미친 척하고, 주말에는 배달이나 택배 상하차, 에어컨 설치 기사 같은 짧은 아르바이트로 돈을 모으고, 평일에는 그 돈으로 시골에 가 전통주를 배웠어요. 그때는 술로 돈을 한 푼도 벌지 못했지만 정말 재미있었어요. 제가 하고 싶은 것을 하며 살아간다는 느낌이었습니다.

2. 사람들에게 전통주를 알리자

처음 전통주를 배운 것은 창업 때문이었지만, 막상 공부를 시작하고 나니 창업보다는 양조사가 되고 싶다는 생각이 커졌어요. 국순당 같은 곳에 취직을 하고 싶었던 거죠. 그런데 당시에는 교육 기관도 따로 없었던 데다, 취업 경쟁자들이 50대 60대 명인분들이니 취직을 할 수 없을 것 같았습니다. 그래서 생각했죠. 아! 전문가가 되는 게 먼저겠구나.

그렇게 고향을 떠나 오랫동안 술을 배웠습니다. 한곳에 정착하기보다는 여러 양조장을 떠돌며 다양한 전통주를 배웠어요. 그 과정에서 제법 유명한 술도 개발하기도 했고요. 주로 시골에 계신 어르신들께 배웠지만 국립과학농업원같은 공기관에서 연구하기도 하고, 학생들에게 양조를 가르치기도 했어요. 이 기간부터 저도 전통주를 단순히 흥미나 재미로 향유하는 대상이 아니라, 진지하게 연구하고 그 길에 참여하는 하나의 가치로 바라보게 되었어요.

전통주와 관련된 일을 하다 보면 전통주에 관한 여러 고리타분한 이미지를 자주 접해요. 전통주라는 것이 결국에는 술이고, 술은 사람들과의 인연을 만들어주는 매개체잖아요? 그럼 되게 즐겁고 재미있는 것인데, 사람들 사이에서는 어렵고, 손 대기 조심스럽고, 또 어르신들이나 마실 것 같은 이미지더라고요. 진지하게 이 길을 걸어가다 보니 제가 사랑하는 것에 관한 좋지 않은 인식을 깨고 싶다는 생각이 조금씩 자라났어요.

사업을 시작하게 된 결정적인 계기는 2018년부터 2021년 사이에 있던 전통주 부흥 기간이었어요. 전통주 시장이 크게 성장하게 되는데, 이때 많은 양조장에서 기존의 막걸리를 병만 바꿔서 비싸게 파는 전략을 취했어요. 소비자의 외면은 빨랐고 결국 전통주에 관한 인식이 바뀔 수 있던 기회를 놓쳐버렸죠. 사람들이 관심을 줄 때 조금 더 친숙하게 다가갔다면, 편하게 다가갔다면, 또 저렴하게 다가갔다면 지금보다 더 사람들의 일상에 가까워지지 않았을까 하는 생각이 들어 아쉽습니다.

결국 저는, 전통주를 만들기 위해서가 아니라 전통주를 알리기 위해 광주로 올라왔습니다. 최종 목표는 '전통주 복합 문화 공간'을 조성하는 것이에요. 전통주에 관한 다양한 이야기나 제품, 전시, 제조 과정에 관한 가이드 등 음료로서뿐만 아니라 다양한 시청각적 활동을 할 수 있는 곳을 만드는 거죠. 그리고 그 첫 프로젝트로 '전통주 원데이 클래스'를 시작하였습니다.

물론 주변의 반대는 많았어요. 전통주를 마시면 마셨지, 누가 체험을 하고 싶어 하냐는 거였죠. 처음에는 그런 말들이 정말 힘들었습니다. 전통주가 사람들에게 친숙하게 다가갔으면 좋겠는데, 저는 당장 주변의 사람조차 설득하지 못하고 있었으니까요. 그런 내가 불특정 다수에게 전통주를 알릴 수 있을까? 그런 걱정이 컸어요.

하지만 그래도 했어요. 어쩌면 제가 다른 사람들을 설득하고, 모든 사람이 전통주를 친숙하게 느끼게 만드는 것은 어려울지도 몰라요. 그래도 열 명 중에 한 명이라도 제 이야기에 공감해 준다면, 그리고 그 사람이 이 이야기를 어딘가 전해준다면 그걸로 좋다는 생각이 들었어요.

술은 본래 사람과 사람을 이어주는 매개체이고, 관계에요. 관계는 수가 적다고 해도 가치가 사라지지 않아요. 그 사람에게는 소중한 인연이니까요. 그런 소중한 인연이니 만나는 한 명 한 명 늘 진심으로 대하자고 생각하고 사업을 시작했어요.

그리고 감사하게도, 일 년에 1,200명이라는 많은 분이 저희를 찾아 주셨습니다.

3. 지원 사업을 받는다면 중요한 것은

저는 자잘한 지원 사업을 굉장히 많이 받았어요. 당장 생각나는 것만 해도 '빈집을 활용한 청년 채움 프로젝트', '관광 스타트 사업', '대학 타운형 뉴딜 정책', '소상공인 성장 지원 프로그램' '동강대학교 생활 혁신 초기창업기업 내실 성장 지원 사업', 그 외 구청에서 나오는 이삼백짜리 지원 사업 등등…. 그때마다 관광으로도, 제품으로도 다양하게 사업이 뻗어 나가서 '이 아이템으로 되었다!' 하고 딱 하나를 짚어 말씀드리기는 어려워요. 대신 여러 지원 사업을 받았던 만큼 지원 사업에 관한 이야기를 해드리고 싶어요.

지원 사업에서 중요한 것은 돈보다도 커뮤니티라고 생각해요. 처음부터 대기업인 곳은 없어요. 모두가 스타트업부터 시작하는데, 이런 작은 기업이 가진 정보와 시야는 정말 한정적이거든요. 그럴 때는 전문가나 주변의 대표님들을 만나면서 훨씬 빠른 성장을 할 수 있어요. 저는 동네 상권 발전소라는 사업에 참여한 적이 있었는데, 제가 로컬 크리에이터가 아님에도 불구하고 로컬 크리에이터분들이나 주관 부처, 상인 협회 분들과 함께 협업을 진행하며 사업이란 것이 어떤 것인지, 협업이라는 것은 어떻게 하는 것인지 배울 수 있었어요. 그 덕분에 유아 관련 사업을 하시는 대표님과도 따로 협업을 진행할 수 있었고, 또 그 대표님과 함께 협업하면서 제가 발견하지 못했던 전통주에 관한 새로운 면모를 발견할 수 있었죠. 쌀누룩을 이용해 유아를 대상으로 한 요거트 제품, 〈요엔요〉가 바로 그것입니다. 이처럼 사람 간의 만남은 늘 제가 알던 것보다 더 넓은 세계를 열어줘요.

꼭 다른 대표님들이 아니더라도 자신의 아이템이 확실하다면 해당 아이템과 연결된 기관을 만나는 것도 큰 도움이 됩니다. 당시 제 아이템은 전통주 원데이 클래스이지만 실제로 제가 가진 역량은 전통주에 관한 전문 지식과 경험이었어요. 그러다 보니 단순히 전통주를 만들고 파는 것이 아니더라도 광주나 인근 지역에 생긴 양조장에 컨설턴트로서 활동을 하기도 했어요. 그리고 그 과정에서 생기는 인연들은 계속해서 사업에 연쇄 효과를 불러일으킵니다.

이렇게 여러 지원 사업을 받고 활동하는 동안 원데이 클래스 자체도 성업이었어요. 딱히 홍보를 한 적이 없음에도 불구하고 사람들 사이에서 이색적 문화 체험, 도시 속 힐링 활동으로 입소문이 났던 거죠. 덕분에 3개월 만에 흑자전환을 이뤄낼 수 있었습니다.

원데이 클래스의 성장은 단순 금액을 떠나 저에게 무척 고무적인 일이었어요. 처음 시작할 때 걱정했던 것들이 해소되는 것 같았거든요. 전통주라는 콘텐츠가 사람들에게 통한다! 그것만으로도 제가 나아갈 힘을 주었어요. 하지만 동시에 걱정이 들기도 했죠. 원데이 클래스 특성상 전통주라는 콘텐츠가 사람들에게 머무는 시간은 딱 하루뿐이니까요. 이와 연계되는 여러 교육을 추가할 수도 있겠지만, 그건 근본적인 해결책이 아니라고 생각했어요. 하루 체험을 이틀로 늘리면 매출은 늘 수도 있지만 결국 그 사람들의 삶에 전통주가 함께하게 되는 것은 아니니까요.

그래서 저희는 전통주 복합 문화 공간을 만들기 위한 두 번째 프로젝트로 제품을 만들기로 했습니다. 사람들이 일상을 살아가며 자연스럽게 접할 수 있는 것은 역시 제품이니까요. 하지만 단순히 술을 만들어 파는 것은 새롭지 않았어요. 저희가 더 맛있고 품질 좋은 술을 만든다고 해서 전통주에 관심이 없던 사람이 그것을 접하지는 않을 테니까요. 그래서 그간 연구한 쌀 누룩과 원데이 클래스의 경험을 살리고, 여러 지원 사업에서 만난 분들에게 배운 사업적인 마인드를 결합하여 새로운 제품을 출시합니다.

그것이 데일리 막걸리 제조 키트, 〈요막키〉입니다.

4. 청년창업사관학교에 입교하다(이하, '청창사')

청창사에 합격한 아이템은 막걸리 제조 키트 〈요막키〉입니다. 사용법은 정말 간단해요. 쌀누룩 분말이 들어있는 병에 물을 붓고 하루가 지나면 완성! 여기서 얼마나 추가로 숙성하느냐에 따라 맛을 다르게 연출할 수 있어요. 동봉된 제로 슈가 딸기잼을 이용해 딸기 막걸리를 만들 수도 있습니다.

제품을 기획할 때 여러 요소를 고려하였어요. 우선 그저 마시는 것이 아니라 사람들이 참여할 수 있을 것, 단순히 '맛있다' '편하다'가 아닌 의미 있는 스토리를 만들 수 있는 제품일 것, 전통주를 더 널리 알릴 수 있을 것. 그래서 마치 원데이 클래스처럼 직접 만들 수 있게 되었고, 자연스럽게 '선물'로 주며 서로의 스토리를 만들어낼 수 있도록 기획되었으며, 또 해외에 수출도 할 수 있게 만들어졌어요. 그러다 보니 고급스러운 패키지와 보존성 높은 구성도 필요하게 되었고요.

막걸리 제조 키트라는 명확한 아이템을 잡기는 했지만, 들어올 때는 그 외에도 어필할 부분이 많았어요. 그간 해온 경력도 경력이지만 연구와 개발적인 역량을 강조했습니다. 누룩이라는 것이 한국에서 역사가 깊은데, 일제강점기 이후 일본으로 기술이 넘어간 뒤로 오히려 일본이 훨씬 다양하게 제품군을 내고 있거든요. 푸딩, 조미료, 화장품…. 반면 저희는 누룩의 쓰임이 여전히 술에 집중되어 있어요. 이것들을 폭넓게 연구하고 개발한다는 점을 어필했죠. 〈요막키〉 역시 누룩 고도화의 일종인 거고요.

5. 사업에서 가장 중요한 것은 아이템에 대한 애정

처음 사업을 시작할 때는 아이템에 대한 애정이 중요하다는 말씀을 드리고 싶어요. 꿈이나 열정, 이런 것도 있지만 중요한 것은 계속해서 그 분야에 관해 공부할 수 있는 원동력이 되니까요. 애정을 원동력 삼아 끊임없는 공부를 해 나가는 것이 사업을 키워나가는 데 있어 가장 중요합니다.

최근 전통주 사업은 진입 장벽이 무척 낮아졌어요. 한 달 정도 교육 기관에 등록해서 양조사 자격증을 받을 수 있고,

그곳에서 받은 몇 가지 레시피로 사업까지 시작할 수 있거든요. 아이템도 핫하고, 지역 농산물을 쓴다는 점을 어필하면 관공서에서도 굉장히 좋게 본답니다. 관광업으로도, 제조업으로도 모두 통용할 수 있는 유연성도 장점이에요. 하지만 '지원 사업을 받으려고 전통주를 한다'는 마음으로 진입해서는 2년을 채 가지 못합니다.

아이템에 관한 깊은 이해는 사업의 성패를 이해할 수 있게 해줘요. 막걸리는 굉장히 만들기 쉬운 술이에요. 그러다 보니 처음 창업을 하시는 분들은 막걸리를 런칭하는 경우가 많은데, '전통주'라는 이름으로 섣불리 가격을 높게 책정해버려요. 하지만 소주가 8천 원일 때 막걸리가 2만 4천 원이면 누가 사겠나요? 이걸 고급화 전략이라고 말하는 사람들이 있는데, 막걸리는 만드는 공정으로 보건 사람들의 인식으로 보건 본래 싼 술이에요. 아무리 프리미엄을 붙여도 몇만 원씩 갈 것은 아니란 말이에요. 충분한 공부를 통해 정말 제조 공정이 어려운 고급 전통주를 만들고 프리미엄을 붙여야지, 본래 싼 술을 병만 바꿔서는 누가 사겠어요.

전통주를 판매한다는 것은 전통주에 얽힌 이야기를 통해 소비자에게 즐거움을 주는 서비스도 포함된다고 생각해요. 그냥 '맛있는 술'을 판매하는 것이 아니라, '전통'이라는 가치를 함께 판매하는 것이잖아요. 그렇다면 그 술에 얽힌 이야기들을 통해 이것이 어떤 전통을 가졌는지, 과거 우리들의 삶에 어떻게 맞닿아 있었는지를 알려줘야 하는 거죠. 주먹도 끼도 설명이 없으면 뾰족한 돌과 다를 바 없고, 전통주도 이야기가 없으면 맛있는 알코올에 지나지 않아요. '전통'이라는 가치를 부여하는 것은 이런 이야기인데, 이를 충분히 공부하지 않은 채 '전통이니까 비싸다'라고 하니 잘 될 수가 없죠.

제도에 관한 공부도 아이템을 이해하기 위해서는 필수적이에요. 소주의 경우 주세법상 72%가 세금으로 나가게 되어요. 주세가 높다 보니 한 병당 남는 돈이 적어 자연스럽게 박리다매를 노리게 되죠. 차분하게 숙성하며 시간 투자할 여유가 없으니 퀄리티를 높게 만들기가 어려워요. 덜 익은 술이 유통되어서 숙취를 유발하고, 이것이 다시 전통주에 대한 안 좋은 편견을 만듭니다.

이처럼 여러 각도에서 아이템을 이해한다면 아이템과 자신의 역량을 객관적으로 바라볼 수 있어요. 지원 사업을 받기 위해 사업을 하려는 것은 아닌지, 진입했을 때 나는 어떤 전략을 취해야 할지, 진입하는 게 맞는 것인지 종합적으로 고려할 수 있는 거죠. 실제로 제가 여수에서 만나 뵌 예비 창업자분은 전통주 사업을 준비하시는데 논문을 샅샅이 뒤져보시면서 전통주에 관해 치밀하게 연구하고 계셨어요.

공부. 계속 공부해야 해요. 그리고 그 공부를 가능하게 하는 것은 아이템에 관한 애정이에요.

이승빈X조은술도구

시대의 흐름에 맞는 트렌디한 옹기를 위하여

조은술도구

0. 아이템 소개
전통옹기를 활용한 증류기 및 술 도구
전통 소줏고리.

1. **동아리에서 처음 만난 옹기의 매력**

전 옹기는 물론이고 전통이나 예술하곤 아무런 관련이 없는 사람이었어요. 전자정보고등학교에 다니는 평범한 학생이었지요. 납땜하고, 회로 만지고…. 그런데 참 생뚱맞게도,

학교에 도자기 동아리가 있더라고요. 왜 있는 걸까 생각만 하고 있었는데 우연히 거기에 들어가게 되었어요. 도자기와의 첫 만남이었죠. 금속을 만지고 때우면서 지내다가, 말랑말랑한 흙을 만지면서 곧장 모양이 바뀌는 것이 참 재미있었습니다. 자연스레 도자기에 시간을 투자하게 되고, 경진대회나 공모전도 나가고, 수상도 하고…. 그렇게 점점 옹기에 맛을 들였지요.

동아리 활동할 때의 기억이 좋아 도예다도과에 진학했어요. 처음에는 그저 재미있어서, 흙 만지는 것이 좋아서 들어간 거였죠. 그래서 '이 길이 정말 내가 갈 길이 맞는 걸까?' 고민도 많이 했고요. 하지만 그런 고민을 하면서도, 저는 스스로 스승님의 작업장에 가 옹기를 빚고 있더라고요. 군대 휴가를 나와서도 작업하는 제 모습을 보니, '아! 나는 이 길을 가야겠다.'라는 생각이 들었습니다.

기존에 스승님의 작업실에서는 주로 술 옹기를 만드는 파트를 맡았어요. 현대에 와서는 스텐이나 동으로 만든 도구가 주류이지만 전통적으로는 옹기가 그 자리를 가지고 있었거든요. 옹기에는 '사질'이 포함된 흙이 들어가는 덕에, 물은 통과하지 못하지만 공기는 통할 수 있는 작은 숨구멍들이 생깁니다. 그 때문인지 옹기에서 숙성한 술은 맛이 부드럽고 깊다는 말씀을 해 주시는 분들이 많았지요.

옹기의 또 다른 장점으로는 모양을 자유롭게 만들 수 있다는 거예요. 백 퍼센트 수작업으로 만들다 보니 업체의 사정에 맞는 디자인을 해드릴 수 있습니다. 가령 도심에 양조장을 만들었는데 공간이 너무 좁은 경우가 있어요. 그런 경우 일반적인 용기를 사용하면 위쪽 공간을 잘 활용하지 못하거나, 애매하게 쓰지 못하는 공간이 생깁니다. 하지만 옹기는 어차피 수작업이라서 그 공간에 정확히 맞는 모양으로 옹기를 제조해 드릴 수 있어요. 그래서 벽에 착 붙여 천장에 닿을 정도로 좁고 긴 옹기를 만든 적도 있지요. 혹은 단순히 아주 크거나 매우 작은 사이즈의 옹기를 제작할 수도 있습니다. 이런 유연성도 옹기가 가진 장점이지요.

2. 옹기 술 도구에 집중하기 위해 하산하다

일제강점기 이전까지만 해도 현재 플라스틱으로 만들어지는 대부분의 물건이 옹기로 만들어졌습니다. 그릇이나 항아리, 수로의 배관 화장실의 변돌까지. 품질도 굉장히 좋아 사람 몸통만 한 옹기를 세 손가락으로 들 수 있을 정도로 가벼웠고, 질감 역시 굉장히 세련되었죠. 하지만 일제강점기 시절, 옹기의 품질보다 양에 치중하게 되며 질적인 경쟁력이 떨어지게 되었고, 플라스틱이 개발되며 양적인 부분에서도 밀리게 되니, 현재는 옹기 산업 전체가 위기에 몰리게 되었습니다.

옹기가 다시 경쟁력을 갖추기 위해서는 현시대의 사람들에게 다가갈 수 있는 트렌디함이 필요하다고 생각했습니다. 그중에서 제가 가장 먼저 할 수 있는 것은 특정 분야에서 공고한 위치를 잡는 것이라고 생각했습니다. 지금까지 옹기는 무엇이든 만들 수 있었기 때문에 옹기 스페셜리스트는 곧 무엇이든 만들 수 있는 제너럴리스트였습니다. 하지만 그렇기에 오히려 우리가 일반적으로 생각하는, 장 담그는 항아리형 옹기 외에는 부각하기가 어렵지 않았나 생각이 들었습니다. 그래서 저는 옹기 중에서도 더 좁은 분야, 제 강점을 살린 브랜딩을 하고 싶었습니다. 그렇게 옹기는 항아리만 있는 것이 아님을 알린다면 옹기가 사람들에게 더 폭 넓게 다가갈 수 있을 것이라 생각했습니다.

제가 선택한 아이템은 〈옹기 술 도구〉였습니다. 기존 스승님 아래에서 만들던 술 도구를 본격적으로 연구하고 만들어보고 싶었기 때문입니다. 빛고을 청년창업지원사업을 받아 작은 가마를 마련하고 저만의 아이템을 조금씩 개발하고 있습니다.

3. 청년창업사관학교에 들어가다(이하, '청창사')

옹기 술 도구의 스페셜리스트가 되겠다는 포부를 가지고 당차게 하산하였지만, 사실 마케팅과 홍보에서는 어려움을 많이 겪고 있었습니다. 옹기를 만드는 것은 자신이 있었지만 사람들에게 다가가는 것은 참, 쉽지 않더라고요. 기존에 스승님 아래에서 거래하던 양조사분들과는 연이 되어 술 도구 공급을 이어가지만, 새로운 양조장을 영업하는 것도 너무 어려웠습니다. 무턱대고 기존 장비가 아닌 우리 장비를 쓰라고 할 수도 없는 노릇이고…. 그래서 배움이 필요하다는 생각에 청창사에 들어오게 되었습니다.

청창사에 지원한 아이템은 〈전통옹기를 활용한 증류기 및 술 도구〉입니다. 첫 타겟층은 양조사 분들로 설정하여, 술을 대량으로 만들기 전에 시험 삼아 간단히 만들어 볼 수 있는 도구로 기획하였습니다. 그렇게 합격했지만 초기에는 어려움이 있었습니다. 옹기 말고도 소량의 술을 만들 수 있는 도구는 많고, 옹기로 대량생산을 할 계획을 가지지 않은 양조사분들이 굳이 옹기로 만든 술 도구를 사용할 필요가 없었죠. 그래서 타겟을 조금 더 고민해 보아야 했습니다.

기존 체험 프로그램 중에 옹기 증류기를 이용하는 곳들이 있었습니다. 그곳은 '약고조리'라는 것을 주로 사용하는데, 양약이 들어오기 이전 몸이 약한 어린아이들도 독한 약을 먹을 수 있도록 연한 증기를 뿜어주는 도구였죠. 이것을 현대에 와서는 술을 증류하는 데 사용하고 있었습니다. 저는 이를 조금 더 발전시켜, 진도에서 발굴된 유물에서 영감을 받아 현대에 어울리는 〈날개 소줏고리〉를 만들었습니다.

〈날개 소줏고리〉는 보다 향상된 냉각수 양으로 술의 수율을 높여줄 뿐 아니라, 기존의 양조 시간이나 냉각수 교체 횟수를 줄여 사람들이 보다 쉽게 술 도구에 접근할 수 있도록 하였습니다. 특히 기존의 술 조주의 경우 젊은 사람들을 타겟팅하여 원데이 클래스나 데일리 키트를 만드는 경우가 많은데, 저는 반대로 술을 좋아하는 어르신들을 타겟팅하여 판매를 진행해 보려 합니다. 특히 '약고조리'가 모티브가 되었던 만큼 건강에 좋은 다양한 성분을 추가하거나 약재를 달이는 등의 '약주'를 만들 수 있다는 점을 강조한다면 보다 매력적인 상품이 되지 않을까 생각하고 있습니다.

4. 내가 걷고 싶은 옹기의 길

저도 20년 정도 옹기를 해 왔지만 여전히 옹기에 대해 잘 모릅니다. 하지만 그렇기에 조금 더 일반 사람의 시각에서 옹기를 이해하기 위해 무엇이 필요한지를 느끼고 있어요. 가령 옹기로 술을 담글 때 더욱 부드러운 맛이 난다는 것은 많은 사람이 경험하고 있지만 왜 그렇게 되는지에 대해서는 명확히 밝혀진 것이 없습니다. 공기 구멍을 통해 옹기가 숨 쉬며 가장 적당한 타이밍으로 술을 발효시킨다는 이야기도 있고, 반대로 옹기의 구멍 탓에 술이 공기와 접촉하는 표면적이 넓어져서 발효가 빨라 같은 시간 대비 술이 더 익기 때문이라는 말도 있습니다. 술과 관련된 전문가분들의 이야기를 들어보아도 여전히 가설만 많을 뿐 확실하게 이야기할 수 있는 것이 없습니다.

이는 사업에 있어서 생각보다 영향이 큽니다. 우선 영업하러 갔을 때 양조사분에게 '왜 우리 제품을 사용해야 하는가?'에 관해 명확하게 설명드리기가 어렵습니다. 특히 공장제 양조 도구를 사용하시는 분들에게 '옹기로 술을 만들면 더 맛있다고, 사람들이 그랬습니다.'라고 말을 해도, 명확한 근거가 없으니 설득력이 떨어져 어려움을 겪습니다. 또한 술을 조주하는 기술이 과학적으로 설명되지 않기에 기술 창업의 범주로 들어가지 않아 지원 사업을 받는 데 어려움도 있지요. 이를 연구하는 사업을 준비하려 해도 연구소 설립이나 기존의 논문 자료 등이 부족하여 당장 시작하기에는 무리가 있습니다.

또, 옹기로 술을 만드는 것에 대해 법적으로 조금 어려움이 있는 것도 사실입니다. 현재 한국에서 식품을 제조하기 위해서는 HACCP 인증을 받아야 하는데, 대부분이 서양식 기기에 기준이 맞춰져 있어 옹기로 인증을 받기 조금 더 까다로운 면이 있습니다. 신경을 쓰면 충분히 통과할 수 있지만, 신경을 써야 한다는 것이 조주사님들 입장에서는 수고를 굳이 더 한다는 기분을 느끼게 하는 것 같습니다. 이 때문에 불필요한 문턱이 조금 더 있고요.

저는 옹기를 현대 사람에게 설득하기 위해서는 조금 더 과학화될 필요가 있다고 생각합니다. 저도 당장은 나이가 있으신 분들을 대상으로 사업을 해 나가지만, 결국 후세대로 전해지지 않으면 사라지고 마니까요. 그것을 위해 저도 여러 기술창업과 관련된 포럼을 다니며 공부를 해보고 있습니다. 다닐수록 제가 부족하다는 사실만 알아가는 것 같지만 꼭 필요한 과정이라고 생각합니다.

나중에는 전문가들의 도움을 받아 옹기의 가치에 대해 더 많은 사람들이 보편적으로 옹기의 가치를 알아줄 수 있는 날이 오도록 하고 싶습니다.

김정우X마루옹기

가장 아름다운 형태로 옹기를 전달하다

마루옹기

0. 아이템 소개
생활형 옹기 체험

가장 한국적인 옹기개발로 사람들에게 다가가는 옹기 체험 학습.

1. 만화가 지망생에서 옹기 장인으로 거듭나다

어릴 적 꿈은 만화가였습니다. 중학교 미술부 활동을 시작으로 예술 고등학교로 진학했습니다. 하지만 만화가의 길은 너무 어려웠지요. 만화라는 것이 종합예술이다 보니 단순히 미적 감각이나 손놀림이 좋다고 되는 것이 아니라 다양한 것을 혼자 할 수 있어야 하니까요. 그림, 연출, 구성, 스토리… 공부를 할수록 점점 한계가 느껴졌어요.

졸업 후 미술대학에 입학하여 도자기를 접하고, 흥미를 느껴 전공으로 선택하게 되었습니다. 그때만 하더라도 저는 제가 도자기를 하게 되지 않을까 막연히 생각했습니다. 청자나 백자처럼 아름다운 작품을 만드는 일 말입니다. 하지만 영암도기축제에 초청된 옹기 장인분의 보조를 하며, 점차 옹기의 매력에 빠져들었습니다. 화려하지는 않지만 투박한 모습에 정감이 갔습니다. 학교에 다니는 동안 그 마음이 점점 커져, 졸업 후 무안 몽탄 소재 옹기 장인 분 아래 들어가게 되었습니다.

옹기를 배운다는 게, 참 힘든 일입니다. 제 스승님을 거쳐 간 이들이 마흔 명 정도 되는데, 2년을 채운 사람이 드물었어요. 첫 옹기를 만들기 위해서는 수천 번의 시행착오를 겪어야 했습니다. 저도 첫 옹기를 만드는 데만 5개월이라는 시간이 걸렸고, 이후 사이즈 업을 위해 단계별로 몇 개월의 시간이 추가로 계속 들었습니다. 그 시간동안 크고 무거운 옹기를 다루며 고된 육체노동을 견딜 체력도 필요하죠. 기나긴 자신과의 싸움, 그 자체였습니다.

사실 이 일에 엄청난 사명감이 있는 것은 아니지만 이렇게 사라지기에는 너무도 아까운 문화입니다. 과거에는 단순히 장을 담는 그릇뿐 아니라 밥솥, 숟가락과 젓가락까지도 옹기였던 시절이 있었습니다. 기술이 발전하며 옛 문화가 밀려나는 것이 당연한 것일지도 모르지만, 그래도 저는 십오 년간 만져온 옹기와 앞으로도 함께하고 싶습니다.

2. 사라져 가는 옹기, 되살리기 위한 노력

시대가 변함에 따라 옹기가 설 곳은 계속해서 줄어들었습니다. 제가 처음 옹기를 시작할 때만 하더라도 매출이 먹고 살 정도는 되었는데, 이제 그마저도 바라기 어려울 정도지요. 스텐이나 고무가 나오면서 쓰임새가 줄었고, 주택이 아닌 아파트로 생활 형태가 바뀌며 다시 한번 크게 줄어들었지요. 사실 진짜 문제는 그것이 아닙니다.

옹기는 변화가 없어요. 시대는 변화해 가는데 옹기는 늘 그 자리에 묵묵히 자리를 지키고 있지요. 파손 탓에 인터넷으론 팔기 어렵다 보니 한계도 명확합니다. SNS 홍보는 하지만 배송을 해 줄 수가 없으니까요. 게다가 옹기 장인 분 중 절반 이상이 70대 이상입니다. 육체노동이 많이 필요한 일인 만큼 곧 은퇴하신다고 생각하면, 저는 이따금 옹기가 금방 사라져 버릴 것만 같은 기분이 듭니다. 그렇게 생각하자면 조금 슬픈 기분이 듭니다. 옹기에 대단한 사명감이 있는 것은 아니지만, 삶과 함께한 무언가가 잊힌다는 것은 늘 마음을 아프게 하니까요.

그래서 저는 저만의 옹기를 만들기 위해 스승님으로부터 독립했습니다. 작은 변화를 만들어 보고 싶었어요. 제가 할 수 있는 것이 무엇이 있을까 생각해 보았을 때, 이전에 만화를 그렸던 생각이 났습니다. 만화를 그리며 연습한 그림과 연출을 이용한다면 옹기도 아름답게 만들 수 있지 않을까? 생각이 들었어요. 옹기의 곡면을 이용한다면 일반적으로 보는 그림보다 더 다양한 연출을 줄 수 있을 것 같았습니다.

저는 옹기의 미적인 측면을 살려 옹기를 이어나가고 싶습니다.

3. 신사업창업사관학교에 들어가다(이하, '신창사')

처음 예비창업자일 때는 신창사에 지원했습니다. 아이템이 따로 있었다기보다는 '옹기 전통 계승'을 많이 강조했지요. 합격까지는 무난하게 잘 되었으나, 당시 코로나 시기에 들어서며 자갯값이 폭등했고, 작업장 공사에 많은 비용이 들어갔습니다. 작업장 공사 이후 설비를 설치할 재원이 부족해 가마 설치도 하지 못할 정도였습니다. 결국 대출을 통해 설비를 갖출 수 있었습니다.

긴 시간동안 옹기를 배우고 작업장을 차렸음에도 불구하

고 시장 상황이 썩 좋지는 않았습니다. 그때, 이렇게 계속하다가는 새로운 옹기를 해보겠다는 포부가 무산될지도 모른다는 생각에 푹 잠겨 들었습니다. 저도 가만히 멈춘 옹기장이가 되겠다는 생각이 들었습니다.

새로운 활로가 필요했습니다. 지원 사업도 지원 사업이지만 옹기를 계속 만들어 나가는 것이 더 중요하니까요. 그때 문득 종합예술을 공부했던 것이 떠올랐어요. 옹기에 관심을 준다는 것이 꼭 옹기 자체에 주어야 하는 걸까? 만화도 단순히 그림이 예쁜 것이 아니라 연출, 기획이 중요한 것처럼 옹기도 옹기라는 물건 자체에만 집중하는 것이 아니라 다양한 방법으로 시연할 수 있는 것이 아닐까? 그런 생각이 들었어요.

그렇게 찾았던 곳이 옹기 퍼포먼스였어요. 옹기를 만드는 광경은 정적이면서 동시에 역동적이에요. 한자리에 앉아 온 신경을 집중하면서도, 동시에 물레 위의 흙은 활력이 넘치다 보니 사람들이 신기하고 재미있어했습니다.

반응은 한국보다 해외에서 먼저 왔습니다. 해외의 도자기 작가들의 눈에, 앉은 자리에서 척척 작품을 만들어 내는 모습이 새로웠나 봐요. 최근에는 옹기를 배우러 한국에 오는 외국인들도 있을 정도입니다.

시야를 종합예술로 확장하고 나니 꼭 시각적인 부분에 집중할 필요도 없다는 생각이 들었습니다. 옹기를 만들 때 느껴지는 촉각이나 흙을 때릴 때 느껴지는 청각, 작품을 만들었을 때의 성취감, 또 스승님과 함께 옹기를 만들며 나누었던 시간까지, 사람들이 좋아할 만한 요소가 정말 많을 것 같았어요. 옹기 완성품뿐 아니라, 시각적인 것뿐 아니라 오감을 사용해 직접 옹기를 만든다면 사람들에게 더 친숙하게 다가갈 수 있지 않을까, 하는 생각이 들었습니다.

그렇게 다음 아이템을 생각하여 지원 사업에 지원했습니다.

4. 청년창업사관학교에 들어가다. (이하, '청창사')

청창사에 합격한 아이템은 옹기 체험 학습입니다. 옹기에 관한 간단한 학습과 직접 만들어보는 체험을 겸하고 있습니다. 청창사에 지원을 할 때는 옹기장이들의 희소성을 강조하였습니다. 도자기에 비해 옹기를 전문적으로 하시는 분은 30명 내외로 무척 적기 때문입니다. 그중에서도 울산의 옹기마을에 몰려 있어 전라도에는 여섯 군데 정도밖에 없지요. 이 점과 함께 옹기 체험 학습의 장점과 효과, 그리고 문화적인 가치를 강조하였습니다.

체험 학습의 주된 대상은 가족들입니다. 아이들이 직접 흙을 만지고 모양을 빚어내며 결과물을 손에 들려주는 것은 아이들의 정서에 무척 좋지요. 제가 하는 일은 아이들 수준에서도 옹기를 만들 수 있도록 미리 준비를 해놓는 것입니다. 옹기를 만드는 여러 공정 중에 아이들도 할 수 있을 만한 것을 선택하고, 준비하며, 옹기를 만들기 전에 오감을 자극하여 정서를 발달시킬 수 있는 여러 활동을 합니다. 흙과 친해지기, 만지며 느껴보기, 옹기흙과 도자기흙의 차이 비교 등등…. 그 후 만드는 방법을 알려주고 실습을 하지요. 이를 통해 한두 시간 사이에 옹기를 완성할 수 있습니다.

이 과정에서 자신의 손 움직임에 따라 자유롭게 변형하는 점토를, 쓸모 있는 물건으로 만드는 것에 재미를 느끼는 아이들이 많았습니다. 이런 아이들이 옹기에 관심을 가지고 기억에 남겨주기만 해도 저는 충분히 감사하고 있습니다.

5. 전통을 이어나가고자 하는 마음

저는 전통을 이어나가는 것이 중요하다고 생각하지만, 전통을 그대로 가지고 와서는 이어질 수 없습니다. 현대 사람들에게 맞는 옹기를 연구하고 개발하는 것이 중요하겠지요. 대부분의 사람이 이에 대해서는 같은 마음일 것이라 생각합니다.

저는 활발한 작품활동을 통해 브랜드 인지도를 높일 필요가 있다고 생각합니다. 이전까지 옹기는 우리의 생활용품이자 민속 문화였습니다. 하지만 현재 생활용품으로서의 지위는 하락했고, 민속 문화로 남기기에는 아직 조금 더 생활 속에 있기를 바랍니다.

어릴 적 공부했던 그림을 옹기에 적용하는 방안을 연구 중입니다. 단순히 그림을 그려 넣는 것은 그리 어렵지 않지만 이를 옹기에 맞게 적용하는 것은 신경 써야 하는 것들이 많으니까요. 옹기의 색, 톤, 질감, 형태를 고려하며 가장 알맞은 그림의 형식을 찾고 있습니다.

앞으로도 옹기 만드는 일을 계속할 겁니다. 끊임없는 연구를 통해 한국적이면서도 글로벌한 옹기를 만들어 나아가겠습니다.

박관우X식스볼트

어떻게 만드는지 다 보여요

식스볼트

0. 아이템 소개
다용도 알루미늄 캠핑 키트
테이블로 활용 가능한 캠핑용 알루미늄 키트.

1. 제조에 특화된 적성을 살리다
어릴 적 저희 집은 정미 공장을 했습니다. 기계가 고장 나면 아버지께서 직접 기계를 고치곤 하셨는데, 저도 그 옆에서 일을 거들고는 했지요. 그때 어깨 너머로 기계가 작동하는 원리를 알음알음 배워갔습니다. 어릴 적부터 저는 기계와 꽤 친숙한 아이였습니다.

대학을 화학과로 진학하였으나 저와는 잘 맞지 않았습니다. 다른 진로를 탐색하던 중, 친척들이 일하는 공단에서 일을 해볼 기회가 생겼습니다. 친척분들은 큰 공단에서 기계가공 쪽 일을 하고 계셨는데, 처음 1, 2년만 경험해 본다는 것이 적성에 맞아 5년 동안 계속하게 되었습니다. 그러고 나서도 큰 금형 공장으로 옮겨 10년을 더 일했지요.

금형 공장의 특성상 굉장히 다품종의 제품을 만들었습니다. 늘 새로운 것을 만들다 보니 제품들의 성질이나 가공 공정을 다양하게 알게 되더라고요. 그렇게 자연스럽게 제품을 볼 때마다 어떻게 만드는 것이 좋을지, 어떤 소재를 쓰는 게 좋을지 알아내는 감각이 자라났습니다. 지나가다 본 물건도 '아, 이건 어떻게 만들 수 있겠구나.'하고 생각하게 되는, 일종의 직업병 같은 거죠. 워낙 만드는 것을 좋아하다 보니 그게 싫지 않았습니다. 오히려 더 다양한 걸 만들어보고 싶었어요. 처음에는 금속만 다룰 수 있었는데, 목공이나 3D프린터같이 여러 분야도 따로 공부했습니다. 결국 제조의 원리는 비슷해서, 금형을 오래 했다 보니 타 분야도 훨씬 쉽게 습득할 수 있었습니다.

2. 남의 것을 만들던 나, 나의 제품을 만들기 시작하다

금형 공장에서 다양한 금형을 만들고, 제품이 완성되는 일을 느끼며 조금씩 창업에 관한 생각이 자라났습니다. 언젠가는 나도 이렇게, 내 아이템으로 창업을 하겠다고 말이죠. 만드는 것에는 자신이 있었던 만큼 아이디어만 생각하면 시도해 볼만 하다고 생각했습니다. 어떤 것을 만들어 볼까. 곰곰이 생각하던 중, 제가 취미로 즐기던 캠핑용품이 눈에 띄었습니다.

현재 캠핑 시장에서 한국의 입지는 조금 애매합니다. 저렴한 것을 쓰고 싶다면 중국산, 고급 제품을 쓰고 싶다면 유럽이나 일본의 제품을 쓰니 한국 제조사가 설 곳이 없죠. 그럴 수밖에 없는 게, 국내 생산은 인건비와 가공비가 너무 올라 가격 경쟁력을 갖기 어렵습니다. 최대한 사람의 손을 줄이고 기계를 도입한다고 해도 어떻게 될지 잘 모르겠어요. 그렇다고 가성비가 좋냐고 물으면 딱히 특출나게 좋은 것도 아니죠. 저는 가격 경쟁력도 좋지만, 기존 제품의 불편한 점을 개선하여 제품의 매력도를 높이는 방향으로 사업의 방향성을 잡았습니다. 제조 공정을 유추할 수 있다는 것은 제품의 보완점을 알 수 있다는 뜻이기도 하니까요.

첫 개발 아이템은 알루미늄 캠핑 박스입니다. 기존에는 주로 천이나 플라스틱으로 만든 것을 이용했는데, 천은 눅눅해지고 축 처지는 문제가, 플라스틱은 파손이나 오염 문제가 있었거든요. 이를 타파하기 위해 일본에서 유행하고 있던 알루미늄 재질의 박스를 참조하여 개발하기로 하였습니다. 다양한 캠핑용품을 담을 수 있고, 또 캠핑장에 가서도 짐짝이 아니라 테이블로 활용할 수 있는 다용도 캠핑 박스를요.

3. 예상치 못했던 테크노파크 지원 사업 합격(이하, 'TP')

어느 정도 아이템에 대한 생각이 잡힌 후 회사를 그만두었습니다. 주변에 창업에 관한 정보를 잘 알고 있는 친구들이 있어서 도움을 많이 받았지요. 처음부터 청년창업사관학교를 눈여겨 보고 있었지만 친구들의 조언에 따라 예비 창업부터 차분하게 진행하기로 했습니다. 원래 계획은 발명진흥회의 도움을 받아 충분히 지원 사업을 준비하고, 다음 연도에 예비창업 지원 사업에 지원하려 했습니다. 그런데 갑작스레 TP에 합격하게 되었어요.

예상치 못한 합격 소식이었지만 지원 사업에 합격한 것은 분명 좋은 일이었습니다. 일단 사업자를 내고, 2달 만에 빠르게 시제품을 만들고 끝냈어요. 도면부터 제조까지 어떻게 진행해야 하는지 이미 과정을 잘 알고 있었고, 그간 충분히 구상해 놓았기 때문에 가능했던 거였죠. 문제는 TP가 아니라 시간이었습니다. 대부분의 초기창업지원사업은 창업한 지 3년 동안만 지원을 해주는데 사업자 등록을 해버렸으니 그 카

운트가 시작된 거죠. 본래 계획대로 24년에 예비창업 지원을 받는다는 것은 이미 무산되었고, 25년도에 창업 지원을 받기에는 너무 먼 이야기인 데다 실패할 경우 다시 도전할 기회 면에서 리스크가 컸어요. 그래서 곧바로 24년도 청년창업사관학교에 입교하기 위해 준비를 했습니다.

그렇게 두 달간 청년창업사관학교를 준비하였고, 다행히 곧바로 청년창업사관학교에 들어갈 수 있었습니다.

4. 청년창업사관학교와 커뮤니티(이하, '청창사')

청창사에 합격한 아이템은 알루미늄 캠핑 키트입니다. 단순한 정리함이 아니라 다양한 기능이 포함된 알루미늄 상자지요. 현재는 테이블과 선반, 그리고 상자로 쓸 수 있도록 개발하고 있습니다. 어디에 가더라도 이 상자 하나만 챙기면 캠핑이 가능하다는 점을 강점으로 삼고 있습니다.

청창사에 오기 전까지의 단계에서는 크게 어려운 것이 없었습니다. 시제품을 제작하는 거야 이미 십 년도 넘게 해 온 일이니까요. 어떤 재료를 써야 하는지도, 어떤 도면을 그려야 하는지도 쉽게 해결했습니다. 문제는 마케팅이나 가공이에요. 어릴 적부터 잘 못해서 그런지…. 제안서를 들고 갈 때도 상대방이 무시하지 않을까 늘 걱정합니다. 캠핑 박스에 관한 소비자 자료라는 것이 따로 있는 것이 아니라서 설득력도 걱정이고, 쓰는 것 자체도 스트레스를 많이 받습니다. 다른 분들은 제조에서 어려움을 많이 겪으시던데, 그런 것과는 반대죠. 사업가라도 각자 잘하는 면이 다른 것 같습니다.

그런 면에서 청창사는 다른 지원 사업에 비해 강점이 있었습니다. 정말로 학교 같은 분위기이다 보니 서로 교류가 많고, 서로 잘하는 분야에서 도움을 주고받습니다. 저 같은 경우에는 금형을 맡길 때 바가지를 쓰지 않았는지, 시제품을 만든 후 대량 생산을 할 때 단가가 어느 정도 나올지 알려드리는 방식으로 도움을 주곤 합니다. 보통은 시제품만 만들어 본 단계에서는 대량생산 시 제품 단가 책정이 어려운데, 저는 그간의 경험을 바탕으로 이를 잡아줄 수 있으니까요. 대신 다른 분들께는 마케팅적인 부분에서 도움을 많이 받고 있고요.

최근에는 영업을 다니고 있습니다. 영업이라는 게 누가 가르쳐주는 사람도 없어서 처음 시작하기가 어렵더라고요. 결국 직접 몸으로 부딪칠 수밖에 없는 것 같습니다. 〈셀러오션〉을 통해 한 번 검색한 후에는, 컴퓨터 앞에 앉아 있기보다는 일단 밖으로 나옵니다. 오늘은 거래처 하나는 뚫어야겠다, 아니면 몇 군데는 이야기를 해봐야겠다 다짐하고 열심히 돌아다니고 있습니다. 저의 경우에는 거래처가 보통 캠핑장이나 캠핑 모임이라, 전국에 있는 캠핑 매장을 돌아다니며 문을 두드려 봅니다. 오라고 하는 분이 계시면 전국 어디든 찾아가고, 이야기를 듣고, 제 이야기를 합니다.

5. 늘 낮은 자세로 다가가는 태도

저는 늘 낮은 자세로 다가가는 것이 중요하다고 생각합니다. 이 점을 가슴에 새기고 다닙니다. 가장 겁나는 것이 처음 사람을 만나는 일입니다. 그 사람이 저를 어떻게 생각하는지도 모른 채, 무턱대고 돈과 관련된 이야기를 해야 하는 것이니까요. 그래서 늘 조심히, 공손하게 다가가려 합니다. 메일 하나만 보내고 끝나는 것이 아니라, 늘 직접 발로 뛰어 함께 얼굴을 보고 이야기하려 합니다.

그렇게 다가가면 많은 조언을 들을 수 있습니다. 영업하는 거래처가 바라는 점과 불편하게 생각하는 점을 들을 수 있고, 저희의 아이템에 그걸 적용할 수도 있지요. 처음 발명진흥회에 찾아갔을 때도 많은 조언을 받았고, 그곳에서 또 다른 분들을 소개해 주며 조금씩 커뮤니티를 만들어 나갈 수 있습니다. 그렇게 사람을 만나다 보면 어떤 말을 해야 하는지, 어떤 말을 아껴야 하는지 점차 알아가게 됩니다. 사업은 사람이 중요한 만큼 이는 큰 자산이 될 것이에요. 늘 상대방의 말을 듣고, 받아들이려는 자세를 보여주어야 합니다.

그렇다고 늘 받기만 해서는 안 됩니다. 그분들도 사업가이고 또 그 이전에 사회인이기 때문에 저 역시 그들에게 무언가를 해줄 수 있어야 합니다. 서로 윈윈하는 것이 커뮤니티이지, 일방적으로 받기만 하는 것은 커뮤니티라고 할 수 없으니까요. 가령 캠핑장의 경우, 주말에는 꽉 차지만 평일에는 한산한 경우가 있습니다. 이때 제가 평일 숙박권을 사고, 캠핑용품을 산 사람들에게 증정해 주는 방식이 있겠지요. 그럼 저는 제 물건을 그곳에서 팔 수 있게 되고, 그분은 평일에 남는 자리를 판매할 수 있게 되는 거니까요. 이런 윈윈 구조를 계속해서 만들어 가고 싶습니다.

박정운X제이유컴퍼니

어릴 적부터 천상 사업가

제이유컴퍼니

0. 아이템 소개
분리 결합이 가능한 재활용 컵
리유저블 텀블러에 씨앗과 배양토를 넣은 가드닝 키트를 결합한 화분 제품.

1. 2007년부터 시작된 사업의 길
누가 안 그러겠냐마는, 저는 어릴 적부터 유독 돈 쓰는 걸 좋아했어요. 그러다 보니 학교 다닐 때부터 아르바이트를 많이 했고요. 집이 좀 엄하긴 했는데, 대학생이 된 이후부터는 그런 거 없었죠. 예전부터 '돈을 많이 벌고 싶다면 사업을 하라'는 말을 익히 들어서, 사업에 대한 관심은 어릴 적부터 있었습니다. 사실 관심이고 자시고 아예 사업을 했어요. 2007년에는 핸드폰 가게, 2010년에는 옷가게를 했습니다.

그러다 늦게 군대를 다녀오고, 취직을 하긴 해야겠다는 생각이 들었어요. 당시 '돈을 많이 주는 회사'하면 제약회사였기 때문에, 목표를 딱! 찍어 두고 공채 시즌이 올 때까지 알바라도 하려 했습니다. 그렇게 광고대행사에 들어갔는데, 어머나 세상에 이게 뭐야, 사장이 하는 일에 비해 돈을 정말 많이 가져가는 거예요!

일은 내가 다 하는데 돈은 사장이 버는구나! 저는 그때 다짐했습니다. 광고대행사 사장이 되겠다고. 여기서 딱 2년간 일 배우고 나가서 내 회사를 세우겠다고! 그렇게 광고대행사 사장이 되기 위해 주인 의식을 갖고 다양한 일을 도맡아 했습니다. 그도 그럴 것이 저는 광고대행사 사장이 될 사람이었으니까요.

그렇게 2년 후, 제 회사를 차렸습니다.

2. 진짜로 일은 적게 하고 돈 많이 벌었다.

2016년에 동업자 한 명과 직원 한 명을 데리고 창업을 시작했어요. 이미 저희와 거래하던 거래처에서도 이전 회사보다 저와 거래하는 것을 더 편해하셔서, 큰 무리 없이 쭉쭉 뻗어 나갈 수 있었습니다. 2년간 일했던 만큼 운영에도 큰 문제가 없었고요. 진짜로 일은 적게 하고 돈은 많이 벌었습니다.

제가 하는 일은 인력 소싱이라고 생각하시면 됩니다. 요즘에는 홍보라고 하면 마케팅 쪽인데, 저희가 조금 독특한 편이죠. 보통 기업들이 홍보 차원에서 행사를 열 때 필요한 인력을 지원해 주는 일을 하는데, 굳이 홍보가 아니더라도 대형마트에서 일하시는 분들이나 기업 체육대회 등 인력이 필요한 곳이라면 어디든 연결해 드립니다.

처음 영업할 때는 제안서를 만들어서 온갖 업체들에 다 뿌렸어요. 대부분 기업은 서울에 있는 광고대행사에 하청을 맡기고, 또 하청의 하청을 맡기는 식으로 진행이 되는데, 이걸 받기 위해 노력한 거죠. 행사를 많이 받는 것이 곧 매출이다 보니 영업이 매우 중요한데, 그 과정에서 저희 같은 인력 소싱 업체들이 모여 있는 단톡방이 있다는 것을 알게 되었어요.

단톡방에 가입한 이후에는 일을 훨씬 효율적으로 받을 수 있었어요. 일이 생기면 단톡방에 먼저 물어보는 사람이 많았거든요. 저는 특히 운이 좋았던 게, 인력을 동원하려면 해당 지역에 있는 업체를 쓰는 것이 효율적이잖아요? 그런데 광주에는 인력 소싱을 하는 곳이 몇 군데 없었어요. 그래서 광주로 오는 일은 최대한 받아보겠다는 일념으로 열심히 영업을 다녔죠. 두세 달에 한 번은 서울에 올라가 얼굴도 뵈며 인사드렸습니다.

그렇게 쭉 사업을 진행하다 2022년, 함께 일하던 동업자와 서로 다른 길을 걷기로 하면서 제 사업자를 내게 되었습니다.

3. 청년창업사관학교에 들어가다(이하, '청창사')

사업을 여러 번 해보긴 했지만, 지원 사업이라는 것은 잘 몰랐어요. 작년 12월에 인스타그램 광고로 지원 사업이 떴을 땐 사기꾼인 줄 알았다니까요? 내가 내 사업을 하는데 몇천만 원을 준다니, 이상하잖아요. 그런데 한 번 피드에 뜨니까 알고리즘을 탄 건지 지원 사업 게시글이 계속 올라오더라고요. 그제야 지원 사업에 대해 한 번 알아보았어요.

가장 돈을 많이 주는 곳이 초기창업패키지와 청창사더라고요. 그래서 두 개를 동시에 준비했죠. 알아보니 지인 중에서도 지원 사업을 받고 있던 사람들이 있어서 도움을 많이 받았습니다. 두 군데에 다 지원했는데 합격 발표는 청창사가 먼저 나서, 청창사로 왔습니다.

청창사에 합격한 아이템은 〈분리 결합이 가능한 재활용 컵〉입니다. 홍보용품 중에서도 리유저블 텀블러에 씨앗과 배양토를 넣어 가드닝 키트를 결합해, 화분으로 사용할 수 있도록 하는 것으로 생각하시면 편할 것 같아요. 삼성처럼 큰 기업에서 홍보를 맡다 보면 홍보용품을 나누어 주는 경우가 있어요. 그게 진짜 엄청 많이 들어오는데, 그게 남으면 저희가 다 처분해야 해요. 그래서 그걸 활용할 수 있는 방안이 있지 않을까 생각하다 생각해 낸 거죠. 마침 ESG도 유행하고 하니까 좋겠다 싶었죠.

개발한 이후에는 고도화보다 판매에 초점을 더 맞출 예정입니다. 삼성처럼 큰 기업 같은 경우에는 신제품이 나오면 써보라고 하는데, 제품만 줘서는 잘 안 쓰려하니 선물을 추가로 주곤 합니다. 그때 끼워서 줄 수 있으면 좋지 않겠어요? 따로 발주를 넣을 필요 없이 홍보 맡겼던 저희에게 그대로 일을 주면 되고, 소비자들에게도 환경에 좋다고 어필할 수도 있고. 이런 식으로 판매 방식에 관해 고민하고 있어요.

4. 인생에서 사업 한 번쯤 해 보는 것도 좋다

사업은 무조건 하는 것이 좋다고 생각합니다. 후배들에게도 그렇게 자주 말을 해요. 직장생활을 하다가 중간에 나와서 해봐도 괜찮을 정도로 도전할 만하다고 생각합니다. 사람마다 성공에 대한 개념도 다르고, 또 돈을 버는 개념도 다르니까요. 중소기업에 다니고 있든 대기업에 다니고 있든, 일단 한번 해 보고 자신의 길이 아니다 싶으면 그때 다른 길을 찾아도 좋지 않을까, 생각합니다.

아, 그리고 지원 사업은 많이 받았으면 좋겠습니다. 이런 것들만 잘 활용해도 정말 큰 도움이 될 거예요.

정건식X미음

간에 부담가지 않는 단백질 보충제

미음

0. 아이템 소개
곤충 단백질을 이용한 단백질 보충제
밀웜을 이용한 곤충 단백질 보충제.

1. 돈을 많이 벌고 싶던 어린 날

어렸을 때부터 돈을 많이 벌고 싶다는 생각이 있었습니다. 막연하지만 창업하고 싶다는 생각도 있었고요. 대학에 가서도 창업 경진대회도 준비했던 기억이 납니다. 하지만 졸업 이후에는 취직을 먼저 했어요. 창업에 대한 생각은 있었지만 곧바로 시작할 엄두는 안 났고, 일단 돈을 많이 주는 쪽으로 취업을 한 거죠.

식품영양학이라는 전공을 살려 제약회사 쪽에 취직을 했습니다. 제약회사가 돈을 많이 주는 것으로 유명했거든요. 제가 맡은 일은 주로 제약회사에 만든 약을 병원에 넣는 일이었는데, 그때 경험이 나중에도 도움이 많이 되었습니다. 새로운 사람을 만나서 제품을 소개하고 물건을 파는 일이었으니까요. 발표할 자료들이 굉장히 많아서 이것을 어떻게 구성하고 설명할지 고민하고 발표하곤 했습니다.

제약회사라는 특성상 인센티브가 높긴 했지만, 저는 조금 아쉬웠습니다. '20억 원어치를 팔았으면 조금 더 줄 수 있는 거 아닌가?'라는 생각이 들었어요. 물론 회사의 시스템을 이용했기에 그만한 매출을 낸 것임은 제대로 이해하고 있었지만, 그래도 계속 아쉬운 마음이 드는 것은 어쩔 수 없었습니다.

2. 지원 사업의 땅, 농업으로!

회사를 계속 다니던 시기, 문득 제가 직접 시스템을 만든다면 돈을 더 벌 수 있지 않을까 하는 생각이 들었어요. 대학생 때 배웠던 기억도 있었고, 회사에 다니면서 영업에 대한 자신감도 많이 붙었으니까요. 직접 해도 할 수 있지 않을까, 하는 생각이 들었습니다.

그렇다면 어떤 아이템을 해야 할지 고민을 했습니다. 제약회사에 다니던 경험을 떠올려 보아도, 저는 연구직이 아니라 영업직이었기 때문에 직접적으로 제약이나 영양제 시장에 들어가는 것은 어려울 것으로 생각했지요. 그러다 많은 지원 사업과 대출 혜택이 있는 농업 쪽에 눈독을 들이게 되었습니다.

하지만 저는 농업에 대해서는 전혀 알지 못했습니다. 부모님이 농사를 짓는 것도 아니고, 주변에 농업을 하는 사람도 없었어요. 그렇기에 일반적인 농사로는 돈을 많이 벌 수 없을 것으로 판단했습니다. 또, 아무리 지원을 받는다고 해도 정말 규모가 큰 것은 대출 쪽인지라 부담이 있는데, 대부분의 농사가 경작지를 요구하니 비용이 적은 분야를 선정해야 했고요. 한편으로, 어차피 뭘 하든 기반도 없고 기술도 모르는데, 아예 특이한 것으로 하는 것이 차라리 낫겠다 싶었습니다. 많이 알려지지 않은 게 뭐가 있을까 생각하다가, 어릴 적 관심이 있던 곤충이 떠올랐어요. 그렇게 '곤충 단백질'이라는 아이템을 잡게 되었습니다.

아이템이 잡힌 이후에는 곤충 단백질을 하는 회사에서 먼저 일을 해 봤어요. 직접 키우는 것이다보니, 어떻게 키워야 하는지를 알아야 하니까요. 보통 밀웜을 키우는데 한 사이클이 3개월 정도 걸립니다. 그곳에서 5사이클 정도 배우니 저도 키울 수 있을 것 같아, 일을 그만두고 제 사업을 시작하였습니다.

3. 청년농업인 영농정착을 받다(이하, '영농정착')

농업 쪽이 지원금이 엄청 많습니다. 큰 지원금부터 자잘한 지원들, 그리고 저리 대출도 굉장히 잘 되어 있어요. 다만 큰 지원 사업은 경력이 조금 필요하더라고요. 제가 받은 지원은 영농정착이었는데, 그 돈으로 밀웜을 사육하기 위한 공간을 조성하는데 보탰습니다. 그 후 꾸준히 사업을 지속해서 스마트 스토어에 '웜웜퍼피'라는 브랜드로 판매하고 있습니다. 매트에도 입점하기 위해 브로셔를 만들어 영업하고 있기도 하고요.

다만 처음에는 판단을 잘못한 것들이 몇 가지 있었어요. 우선 첫 번째는 사업자를 너무 빨리 냈다는 것입니다. 21년 8월에 등록했는데, 본격적인 시작은 22년 봄 지나고부터 했으니까요. 영농정착을 받기 위해서는 사업자 등록이 필요했던 것은 맞지만, 최대한 사업자 등록을 늦춰서 조금이라도 초기 창업 기업으로 남아있어야 했다는 아쉬움이 조금 남습니다.

두 번째는 처음에 너무 적은 수의 밀웜으로 시작했다는

것입니다. 어차피 번식을 통해 늘릴 수 있으니 자금을 최대한 아끼려는 시도였는데, 충분한 수를 확보하기까지 시간이 너무 오래 걸려서 1년이 지나고서야 매출이 나오기 시작했어요. 그동안 매출이 없었던 것도 문제이지만 시간이 너무 아깝습니다. 처음에 많은 양을 가지고 시작할 수 있었다면 시간을 아낄 수 있었을 거고, 그럼 23년도에 초기창업과 관련된 사업을 시작할 수 있었을 테니까요.

마지막으로 창업 지원에 대해 잘 몰랐던 것도 아쉽습니다. 농업 쪽에 지원이 많다는 것만 생각했지 일반적인 창업 지원에 대해서는 잘 알지 못했어요. 여기저기 창업 교육을 받으러 다니다가 뒤늦게 들었는데, 알았으면 예비창업패키지부터 차근차근 시작했을 거예요. 그래도 다행히 3년 차가 지나기 전에는 알게 되어, 초기창업패키지와 청년창업사관학교 중에 고민했어요. 그러다 글로벌창업사관학교를 하는 지인이 청년창업사관학교를 추천해서 지원하게 되었습니다.

4. 청년창업사관학교에 들어가다(이하, '청창사')

청창사에 합격한 아이템은, 곤충단백질 보충제를 사람이 먹는 용도로 만드는 거였어요. 이전 사업에서는 반려견을 대상으로 만든 것이었거든요. 포 형태로 해서 사료 위에 뿌려서 먹는 형태였는데, 이걸 고도화하는 방향으로 낸 거죠.

곤충 단백질로 보충제를 만들었을 때 가장 큰 장점은 간에 부담이 덜하다는 거예요. 보통 단백질을 먹게 되면 여러 과정을 거치는데, 이 중 단백질에 포함된 질소가 암모니아로 변형이 됩니다. 이것을 해독하느라 간과 신장에 부담이 가는 건데, 밀웜에 포함된 알라닌이라는 아미노산이 간에 효능이 있다는 연구 결과가 있어요. 그래서 다른 육류에 비해 안정적으로 단백질을 보충할 수 있다는 점에 착안하여 단백질 보충제를 준비해 보고 있습니다. ESG 적인 관점에서도 탄소배출이나 물 소모량이 적은 데다, 같은 양의 먹이를 먹였을 때 고기로 환원되는 비율이 높아 경쟁력이 있어요. 이런 점을 최대한 어필하였습니다.

하지만 되고 나서도 고민이 많습니다. 사람들이 곤충을 먹는다는 것에 생각보다 거부감이 심했어요. 저희 어릴 때는 번데기도 먹고 메뚜기도 먹고 했으니 이 정도일 줄은 몰랐는데…. 제가 이전에 일했던 회사도 병원식으로 넣을 목적이었던 거지, 일반 보충제 시장을 노리고 있지는 않았고요.

그래서 합격은 했지만, 아직 보완해야 할 것이 많아요. 우선 곤충 단백질이라는 점을 내세우지 않고 간에 부담이 적다는 쪽으로 마케팅해야 할지, 아니면 아예 〈라바〉처럼 귀여운 캐릭터를 내세울지….

제조 과정 중 밀웜을 키우는 것과 건조하는 것은 직접 하지만 제품을 만드는 것은 OEM을 맡기고 있습니다. 추후에는 직접 제조까지 생각하고 있는데, 아마 건조까지는 저희가 맡을 수 있겠지만, 그 이상은 비용상의 문제로 어렵지 않을까 싶습니다.

5. 중요한 것은 시스템의 구축

가장 중요한 것은 시스템을 구축하는 것입니다. 제가 제약회사에 다닐 때, '작은 시스템을 만들면 훨씬 많이 벌 수 있지 않을까?' 생각했는데, 저도 첫 창업이다 보니 아직도 어려워요. 저는 그냥 물건을 팔면 된다고 생각했어요. 영업을 다니고 제품을 소개하는 것도 많이 해봐서 자신도 있었고요. 하지만 기본적으로 사용할 수 있는 자료의 양이 달라요. 제약회사에서는 이미 준비된 자료를 제가 어떻게 설득하느냐가 중요했는데, 이제는 그 자료를 수집하는 것부터 제가 해야 하니까요.

그리고 그 자료를 보여줄 수 있는 장을 마련하는 것도 중요한 것 같아요. 이전에는 병원을 상대로 하는 B2B 영업이 주였는데, 이제는 온라인 스마트 스토어도 운영하다 보니 마케팅과 디자인 같은 것도 중요해졌어요. 경험한 적이 없다보니 애로사항이 컸습니다. 블로그도 해 보고 여러 광고도 해 보고… 브로셔를 만들어서 마트 같은 곳에 직접 영업을 하기도 하고요. 그래도 역시 한계가 있는 것 같아서, 전담하는 직원을 한 명 고용하였습니다.

    그리고 규모 역시 중요합니다. 제조업을 하시는 분들은 특히 그러실 거예요. 처음 시작하는 것이다 보니 규모를 크게 하기 부담스러운데, 그렇다고 규모를 작게 하면 단가가 올라가 버리니까요. 저희도 그 문제 때문에 골머리를 많이 썩이고 있습니다. 식품이다 보니 무턱대고 많이 만들 수가 없고 수요층이 존재해야 하는데, 수요층이 적으니 많이 만들지 못해 가격이 올라가고, 가격이 올라가니 소비자에게 어필할 수 있는 부분이 줄어드는… 진퇴양난의 상황에 마주하게 되는 것 같습니다.

고준성X파도타다

건강
개인 맞춤 영양제와 식단으로 실현하다

0. **아이템 소개**

비타밀러

개인의 건강 목표를 위해 식단과 영양제를 함께 제공하여 목표를 달성하도록 도와주는 서비스.

1. **늘 최선을 향하고 싶던 아이**

어릴 적부터 저는 앞장서기를 좋아하는 아이였습니다. 고등학생 때까지는 꼬박꼬박 반장을 하고, 대학에 들어와서는 과 대표나 학생회장을 하는, 그런 사람이었죠. 그 자리는 저에게 늘 책임감을 주었습니다. 반장이니까, 과 회장이니까. 저는 제가 있는 집단에서 본이 될 수 있는 사람이 되고 싶었습니다. 그래서 자기 관리는 물론이고 공부, 전공 지식, 인간관계까지도 완벽히 쌓으려 노력해 왔습니다. 하루하루 남 부끄럽지 않은 삶을 살고 싶었습니다.

운동을 열심히 했던 시절, 헬스 트레이너로 일한 적이 있습니다. 저는 식품영양학을 전공했던 만큼, 운동뿐 아니라 영양학적으로도 많은 도움을 주고 싶었습니다. 그 과정에서 사람들이 운동을 하는 이유에는 몸 관리만 있지 않다는 것을 알게 되었습니다. 개인마다 각자의 목표가 있었습니다. 누군가는 다이어트를, 누군가는 근력 개선을, 또 누군가는 질병 예방이나 피로감 개선을 원했습니다.

목표를 이루기 위해서는 보다 효율적인 방법을 찾아야 합니다. 운동만으로 접근하는 것이 아니라 영양학적 관점을 접목한다면 훨씬 효과적으로 목표를 이룰 수 있습니다. 운동만큼이나 영양 보충이 중요하다는 사실은 널리 알려져 있습니다. 그러나 식단만으로 미량 영양소의 효능을 체감하기 쉽지 않다는 사실은 잘 알려져 있지 않습니다. 비타민C의 효능을 충분히 느끼기 위해 1,000mg을 섭취해야 한다면, 영양제로는 한 알이지만 레몬으로는 21개를 먹어야 합니다. 이는 무척 가혹한 일입니다. 목표를 효율적으로 달성하기 위해서는 자신에게 필요한 영양소를 찾고, 이를 충분히 보충하는 것이 필요합니다.

현재 시장에서는 소비자가 자신에게 필요한 영양소를 스스로 찾아야 합니다. 스스로 식단을 분석하고, 어떤 영양소가 자신에게 필요한지 공부한 후, 자신의 목표에 맞는 영양제를 검색하고 섭취해야 비로소 효능을 체감할 수 있습니다. 이는 개인에게 무척 어려운 일입니다. 음식에 첨가된 미량 영양소의 양까지 표기된 곳은 드물뿐더러, 자신에게 필요한 영양의 종류와 양을 측량하는 것도 쉽지 않기 때문입니다.

저희는 식단과 영양제를 동시에 제공함으로써 개인의 목표를 이루는 데 도움을 주고자 합니다. 다양한 종류의 식단을 준비하고, 그 식단에 포함된 여러 영양을 사전에 조사한 뒤 부족한 부분을 영양제로 채우는 개인 맞춤형 서비스를 실시할 것입니다.

2. 사업은 자기 가치의 실현

대학교 진학 때부터 사업을 염두에 두고 있었습니다. 저는 자기 가치를 실현하는 것이 무척 중요하다고 생각합니다. 내가 나의 가치를 확인하는 방법. 대학생이던 제가 떠올릴 수 있는 방법은 크게 세 가지였습니다.

(1) 취업
(2) 대학원
(3) 사업

이 중 제가 자기 가치를 가장 빠르게 실현할 수 있는 것은 사업이었습니다. 취업은 제 이름을 건 프로젝트를 진행하기까지 너무 오랜 시간이 걸리고, 대학원 역시 박사급이 되기 위해서는 최소 6년이라는 시간이 필요합니다. 그러나 사업은 제가 물건 하나, 계약 하나를 체결하면 그것이 곧 자기 가치의 실현이라고 생각되었습니다.

제가 진학했던 한양대학교는 창업인에 대한 정책이 잘 되어 있었습니다. 창업에 대한 교육과 자금적 지원뿐 아니라 홈페이지 제작, 홍보 동영상 제작 등 여러 지원이 제도화되어 있습니다. 특히 창업을 하는 사람에게 가장 필요한 '시간'을 지원해 주는 점은 정말 큰 도움이 되었습니다. 창업을 위한 휴학을 별도의 기간으로 분류해 더 오래 휴학할 수 있게 해주었고, 취업계와 비슷한 제도인 창업계를 통해 학점까지 인정받을 수 있었습니다.

본격적으로 사업을 시작한 것은 군대에 다녀온 후였습니다. 트레이너로 일하며 고객들의 식단을 짜 주는 일을 했는데, 관장님께서 자신이 운영 중인 헬스장 중 하나를 인수해 보지 않겠냐는 제안을 하셨습니다. 그간 사업을 할 것이라

공공연히 말하고 다닌 것을 기억하신 것입니다. 저도 본격적으로 사업을 하기 전에 경험이 필요하다 여기던 참이었고, 운동과 영양은 뗄 수 없는 영역이니 분명 도움이 될 것이었습니다.

처음 시작하는 창업이었지만 헬스장 자체는 성업이었습니다. 사업에 관한 준비도 오래전부터 했었고, 트레이너로 일한 경험도 도움이 되었습니다. 그렇게 헬스장 매출을 두 배가량 올리는 데에 성공했지만, 언제나 헬스장이 제 사업의 끝은 아니라고 생각하고 있었습니다. 관장이 된 이후에는 회원들의 식단 관리보다는 시설관리나 홍보에 더 힘써야 했고, 이는 제가 달성하고자 한 목표와는 다소 다른 방향이었습니다. 이때 자기 가치를 실현하는 것에 대한 생각을 다시 하게 되었습니다. 단순히 돈을 많이 버는 것이 아니라 제가 세운 목표의 달성을 통해 나를 실현하는 것이 중요하다는 것을 깨달았습니다.

영양은 가장 개인적인 것이면서 동시에 보편적인 것입니다. 제가 잘할 수 있는 것 중 사람들에게 가장 큰 도움을 주는 것이기도 하며, 또 인정받을 수 있기도 합니다. 저는 제 가치를 확인하기 위해 세상을 더 나은 방향으로 끌어가고자 합니다.

3. 창업중심대학 예비창업자가 되다(이하, '창중대')

창중대에 지원하며 준비한 아이템은 '다이어트를 위한 식단 맞춤 서비스'입니다. 최종적인 목표는 모든 이들에게 개인 맞춤 영양 서비스를 제공하는 것이지만 첫술에 배부를 수는 없습니다. 제가 당장 할 수 있는 작은 범위에서부터 조금씩 사업을 확장해 나가는 것이 좋다고 판단하였습니다.

지원 사업 심사에 있어서는 영양에 관한 지식과 관심을 보여주기도 했지만, 사업가적 면모를 보여주는 것 역시 중요하게 생각했습니다. 이전에 한 번 창업을 했던 경험이나, 제가 창업을 하는 것을 저의 기질과 연관시켜 성실하게 창업을 수행할 것임을 어필하였습니다. 덕분에 비교적 흔한 식단 관리 서비스임에도 불구하고 창중대에 합격할 수 있었습니다.

지원 사업을 받는 것보다 어려운 것은 실제로 사업을 해 나가는 것입니다. 저는 개인의 몸무게나 키, 건강 상태, 생활 습관 등을 고려하여 식단을 짜 배달해 주는 서비스를 준비하였습니다. 이를 실현하기 위한 방안으로 〈밀러〉라는 어플리케이션을 런칭하였는데, 막상 실행해 보니 마진율이 너무 낮았습니다. 뒤늦게 업계의 상황을 알아보니 다들 비슷한 사정이었습니다. 재정 상황이 나아질 기미가 보이지 않아, 가장 먼저 유통 과정을 바꾸었습니다. 이전에는 식단에 들어가는 음식을 떼어 구성하는 데 그쳤다면, 원재료를 가공하는 것부터 저희가 직접 맡았습니다. 그리고 자원을 최대한 소진하기 위해 오프라인에 새로운 샐러드 브랜드 〈시드위드〉를 런칭해 온오프라인 양면으로 원재료를 소진하였습니다.

 사실 식단 관리 서비스와 샐러드 가게 모두 쉽게 볼 수 있는 것들입니다. 그럼에도 이것들이 성공적으로 운영될 수 있던 이유는 주변 사람들의 도움이 있었기 때문이었습니다. 〈시드위드〉를 운영할 때는 오마카세를 운영하는 형님에게 소스 비법을 알려달라고 부탁하였고, 〈밀러〉를 개발할 때는 인스타그램을 통해 알게 된 개발자분을 찾아가 개발을 부탁하였습니다. 처음 사업을 시작할 때는 얼굴에 철판을 깔고 주변 사람들에게 적극적으로 도움을 요청해야 합니다. 그렇지 않으면 도태되어 버립니다.

 저는 사업을 절대 저 혼자서 키웠다고 생각하지 않습니다. 조금 뻔뻔할 수 있는 부탁을 들어주신 많은 분 덕에 유지되어 여기까지 올 수 있었다고 생각합니다.

4. 청년창업사관학교에 들어가다가 되다(이하, '청창사')

 창중대에서는 '식단 맞춤 서비스'라는 아이템을 어떻게 실현할 수 있을지 방향을 탐색하는 단계였다면, 청창사에서부터는 본격적으로 사업을 키워나가기 위해 노력했습니다. 이전에 하던 헬스장과 샐러드 가게를 정리하고, 〈밀러〉를 영양제를 포함한 〈비타밀러〉로 새롭게 런칭하였습니다. 그리고 '개인의 목적에 맞는 식단-영양제 맞춤 제공 서비스'라는 저의 목표를 향해 본격적으로 나아가기 시작했습니다.

영양제를 사업에 포함하자 식단만 했을 때보다 훨씬 넓은 범위에서 개인의 건강을 관리할 수 있게 되었습니다. 개인의 식이 상태, 생활 패턴, 개인 건강부터 업무 강도나 집중력 필요 유무까지 다양한 요소를 고려하여 훨씬 다양한 사람들의 필요에 맞는 서비스를 제공할 수 있습니다. 단순히 나이나 직업별로 분류한 영양제가 아닌 '시니어를 위한 속쓰림 방지 발포형 비타민' '공복시간이 긴 학생/직장인을 위한 스틱형 비타민' '고영양이 필요한 운동인' 등 소비자들의 니즈를 더욱 세세하게 나누어 선택의 폭을 넓힐 수 있습니다.

기존 시장에서는 이 정도로 세분화시키고 브랜딩한 제품이 없었습니다. 따라서 영양제를 직접 개발하고 있습니다. 그 과정에서 식품영양학과 선배님들의 도움을 많이 받았습니다. 창업을 한 분은 계시지 않지만, 영양이나 제약 쪽으로 일하시는 분들은 제법 있었기에 업계에 대한 동향은 물론 영양제 개발에 관해서도 많은 도움을 받았습니다. 특히 여러 회사를 소개받으며, 영양제를 개발할 좋은 조건을 찾을 수 있어 정말 큰 도움이 되었습니다.

현재 가장 우선하고 있는 것은 영양제 개발입니다. 기존에 있던 지식을 실제 영양제로 만드는 데에는 시간이 필요합니다. 특히 '위에 부담이 덜 가는'이나 '목 넘김이 좋은' 등 물성이 관여하는 제품이다 보니 실물을 앞에 두고 검증하는 작업이 필요합니다. 개발이 완료된 후에는 와디즈 펀딩이나 스마트 스토어, 라이브 커머스 등 여러 판로를 통해 유통할 예정입니다.

5. 편의점 도시락에도 영양제가 비치되는 날을 위해

영양은 가장 보편적인 것이면서도 가장 개인적인 것입니다. 인간이라면 누구나 알맞은 영양을 섭취해야 하지만, 동시에 개인마다 충족해야 할 영양의 균형은 다르니까요. 저희는 모든 사람에게 맞춤 영양을 제공하겠다는 일념으로 계획을 수립하고 과정을 밟아왔습니다. 이제껏 그래온 것처럼, 앞으로도 내면의 기치를 유지한 채 계속 나아갈 것입니다.

가장 중요한 것은 일관성입니다. 명확한 목표를 가지고 끝까지 나아가야 고객들과 투자사들을 설득할 수 있습니다. 말씀드렸듯 식단, 도시락을 제공하겠다는 아이템은 많습니다. 그러나 오랜 기간 관심을 가지고 꾸준히 공부해 오며, 그것을 실현하기 위해 계속해서 노력하고 행동한 사람은 많지 않다고 생각합니다. 영양에 관해, 그리고 사업에 관해 생각하고 수정해 나가며 남들과는 다른 개성이 생기고 깊이가 생깁니다. 오랜 일관성을 통해 쌓은 지식적 태도는 홍보 문구 한 줄, 계획서 한 줄을 쓰더라도 태가 납니다.

이제 제가 본래 목표로 하던 아이템에 근접해 가고 있습니다. 〈비타밀러〉어플리케이션에 200여 권의 도서와 1000여 편의 논문을 학습시켰으며, 영양제 개발도 진행 중입니다. 본격적으로 유통이 되어 충분히 성장한다면, 나중에는 대형 마트나 편의점 납품하여 사람들의 일상에 영양이라는 키워드를 추가하고자 합니다. 최종적으로는 라면을 사면 나무젓가락을 주는 것이 당연한 것처럼, 편의점 도시락에도 영양제가 함께 있는 세상을 만들고 싶습니다.

신다경X원위즈

귀찮은 청소 시간 우리에게 맡기고

원위즈

0. 아이템 소개
소형 고체 코인형 식기세척기 세제

자체 화학 결합 기술 도입으로 내구성이 강화된 친환경 소형 고체 코인형 식기세척기 세제.

1. 아르바이트로 들어간 스타트업에서 처음 접한 마케팅, 부업까지 이어지다

저는 대학 시절 디자인을 전공했어요. 졸업을 앞두고 있

을 때 한 스타트업 회사에 들어갔었는데, 아무래도 초기 기업이다 보니 본래 맡은 것 외에도 해야 하는 일이 많았죠. 입사한 분야는 광고 디자인이었는데, 실제로는 디자인뿐 아니라 광고 카피나 직접 홍보까지 다방면으로 열심히 뛰어다녔습니다. 인스타그램 초창기 SNS 판매도 그때 경험해 봤고요. 그렇게 3~4년 정도 광고 업무를 하다 보니, 문득 제가 이론을 따로 배운 적이 없는 게 마음에 걸렸습니다. 혹시 가서 배우면 뭔가 더 있지 않을까? 그런 생각에 광고 전공으로 대학원을 가게 되었어요. 그때부터 본격적으로 마케팅을 맡게 되었지요.

사실 대학원을 가기 전부터 쇼핑몰을 운영하긴 했어요. 제가 광고 쪽에서 일한다는 것을 안 지인들이 자신의 물건을 팔아달라고 부탁이 많았거든요. 기억에 남았던 판매 물품은 운동복이에요. 지인의 부탁으로 스마트 스토어에 런칭했더니 매출이 2주 만에 6천만 원이나 나왔습니다. 그때 자신감이 많이 붙었던 것 같아요. 그러면서 어머니가 하고 계셨던 편백수 탈취제 브랜드를 리브랜딩 해서 온라인으로 판매했고, 편백 관련 화장품, 위생용품들을 개발도 하고 온라인 판매도 도와드렸어요. 주문은 계속 들어오는데, 물건이 없어서 못 팔 정도라 온 가족이 밤새 편백수만 담았던 기억이 납니다. 그때 매출이 상당히 잘 나왔죠.

저에게는 코로나 시기가 호재로 다가왔어요. 그때 모든

것이 재택으로 바뀌면서 회사 일과 대학원, 어머니 쇼핑몰까지 동시에 진행할 수 있었거든요. 바이러스 이슈가 있어 탈취제도 더 잘 팔렸고요. 그렇게 열심히 살아가고 있을 때, 문득 어머니 브랜드가 아니라 내 색깔을 담은 나만의 브랜드를 만들어보고 싶다는 생각이 들었어요. 아무래도 연세가 있으시니 온라인 판매에도 소극적이고, 제품개발에도 관심이 없으셨거든요.

동시에 쇼핑몰만 운영하는 것의 한계를 느끼기도 했어요. 제품 원료를 직접 관리하는 게 아니다 보니 수급이 안정적이지 못했으니까요. 만약 갑자기 품절되어버리거나, 거래처에서 거래를 끊어버리면 방법이 없었어요. 지속 가능하기 위해서는 제가 직접 제조를 하고, 직접 브랜딩을 하는 것이 필요하겠다는 생각이 들었어요.

2. 안정적인 미래를 위해 창업을 결심하다.

물론 제조와 브랜딩이 필요하다고 여겨서 곧바로 창업을 하지는 않았어요. 저도 어디까지나 부업이었을 뿐 여전히 회사원이었으니까요. 또 화학공학계열 전공자는 아니었던지라 제품 제조를 위한 부분에서 부족함이 많다는 것도 인지하고 있었어요. 그래서 생활화학제품 계열의 공부를 위해서 세제 제조회사로 이직도 하고, 세제제조 강의도 많이 찾아다녔습니다. 화장품책임판매업자 등록은 물론 나중에는 향장학쪽으로도 공부를 확장했어요.

마음속에는 내심 빨리 회사를 그만두고 제품 제조를 해서 브랜드 운영에 집중하면 돈을 더 잘 벌 수 있다는 자만심이 있었던 것 같아요. 또 한편으로 이렇게 회사만 다니다가 결혼과 출산을 하게 되면 경력이 단절될 것이 걱정이기도 했어요. 저도 나중에는 결혼을 할 거고 아이도 갖게 될 텐데, 그때가 되면 외부 활동을 하는 것보다 온라인 쇼핑몰을 운영하는 게 시간적 자유로움에 더 도움이 될 것 같았거든요. 그래서 고민 끝에 퇴사하고 창업을 마음먹게 되었어요.

퇴사를 한 이후에도 곧바로 준비 중이었던 세제로 창업을 시작하지는 않았어요. 당시 갑자기 골프웨어 유행이 막 시작되려 할 때라, 시장이 커질 것이라 예상했거든요. 운동복을 판매했던 경험도 있으니 '뭐든 내가 하면 될 거야'라는 마음으로 뜬금없이 골프웨어를 제작했어요. 하지만 골프의류는 굉장히 고가의 원단들을 필요로 했고, 의류제조업체들은 컨트롤 하기 힘들었죠. 당연히 자본이 풍부한 경쟁자들을 이기기는 역부족이었어요. 덕분에 퇴직금이랑 모아둔 돈, 각종 국가 보조금까지 전부 날아가 버렸죠. 20대 후반에는 제가 오만했던 것 같아요. '뭐든 내가 하면 된다'라는 마인드가 깔려 있었으니까요. 사실 SNS 초창기라는 특수성 탓에 잘 되었던 것이 바람을 잘 탔을 뿐이었는데 말이에요. 그걸 사업이 한 번 망해보고 나서야 알게 되었어요. 단순히 시장이 원하기만 한다고 해서 뛰어들면 안 된다는 것을 몸소 배웠죠.

어찌저찌 골프웨어사업을 잘 정리하고, 원래 준비하고 공부했던 생활화학제품인 세제, 탈취제 쪽으로 돌아왔어요. 골프웨어의 경험을 바탕으로 좀 더 사업을 안정적으로 확장할 수 있도록 차분하게 사업스케치를 시작하고, 진행 방향에 대해 고민해 나갔어요. 많은 라인업의 생활화학제품 중에서도 어떤 제품을 시작하는 게 좋을까 고민하던 중, 한국에서 식기세척기 세제 시장이 성장 중이라는 내용을 접했어요. 그렇게 〈식기세척기 세제〉를 첫 제품으로 출시하기로 했어요.

3. 청년창업사관학교에 지원하다.(이하, '청창사')

청창사에 합격한 아이템은 〈자체 화학 결합 기술 도입으로 내구성이 강화된 친환경 소형 고체 식기세척기 세제〉예요. 이전에 다녔던 세제회사에서 관련 광고를 한 적이 있어 도움이 될 거로 생각했고, 생활화학쪽으로도 연구를 많이 할 때였어요. 세제는 재구매도 많고, 온라인 주문도 많았거든요. 일반적인 세제가 아니라 식기세척기 세제로 한정시킨다면 타겟팅을 하기도 수월할 거로 생각했어요.

아이템을 정한 후에는 기존 제품과 차별화된 특징으로 '크기'를 선택했어요. 많은 사람들이 고체 식기세척기 세제를 쓰는데, 사이즈가 큰 제품이 많아요. 그래서 대부분은 세제를 반으로 잘라 사용하죠. 이런 수고를 줄이기 위해 소형 고체 식기세척기 세제를 개발하기로 한 거예요. 여기에 더해 친환경은 물론 기존에 잘 깨진다는 문제점도 보완한, 말 그대로 '더 나은' 식기세척기 세제가 제 아이템인 거죠. 온라인 판매를 1차 목표로 하고 있던 만큼 세제의 내구성을 강화한다는 내용도 메인 테마로 잡았습니다.

하나에 꽂히면 집요하게 파고드는 성격이 제품 개발에 도움이 되었어요. 한창 화장품에 빠져 있을 때는 성분 하나하나를 분석하고 논문과 실례를 비교하며 깊이 파고들었거든요. 어머니의 편백탈취제를 판매할 당시 고객 서비스를 하며 공부를 많이 하기도 했고요. 그때 환경부에서도 표기법에 관련된 검사가 굉장히 심해서 생활화학물질에 관련된 사용법, 표기법에 대해서도 숙지하고 있었고요.

제품이 좋은 것은 당연한 거예요. 좋지 않은 제품은 애초에 경쟁군으로 오를 수 없으니까요. 그 좋은 제품들 사이에서 판매로 이어지는 중요한 무기는 스토리예요. 저는 〈꿈꿀 시간〉이라는 상표를 내었는데, 아이템이 식기세척기 세제이다 보니 '당신이 꿈을 꾸는 동안 우리가 일을 하겠다'라는 느낌으로 브랜드 스토리를 짰어요. 집안일을 대신함으로써 사람들에게 꿈을, 그러니까 잠을 잘 시간을 주겠다는 의미이죠.

스토리를 한눈에 표현해 줄 패키지 역시 무척 중요해요. 패키지는 제품의 첫인상이라, 소비자에게 곧바로 다가갈 수 있는 게 중요하지요. 그렇기에 제 눈에 예뻐 보이는 것을 하는 것보다 대중의 취향을 최대한 알아보고 반영하려 분석했습니다. 과거에는 심플한 것이 유행이었지만 요즘에는 키치한 느낌이 유행하여, 저도 그런 방향으로 패키지 디자인은 물론 브랜드의 전반적인 이미지를 잡아가고 있습니다.

4. 디자이너, 마케터에서 사업가가 되며

간혹 제가 다양한 물건을 판매하는 쇼핑몰을 운영했다 보니 세제도 그냥 지나가는 아이템으로 생각하냐고 여쭤보시는 분들이 있어요. 더 잘 나가는 아이템이 있으면 바꿀 것이냐는 거죠. 하지만 저는 생활화학용품의 개발이 재밌고 이쪽으로 계속 집중할 거예요. 이미 시제품 개발까지도 끝냈고, 당장은 스타트업이라 위탁을 맡기지만 나중에는 직접 제조까지 하는 것이 목표입니다. 디자이너와 마케터는 저의 능력 중 하나이지 유일한 정체성이 아니니까요. 다양한 제품을 팔아보며 쌓인 노하우를 바탕으로 제 사업을 시작했다고 봐주시면 좋을 것 같아요.

제가 처음 광고로 대학원에 간 것은 첫 회사에서 실무 경험은 많았는데 이론적인 공부가 되지 않아서 갔던 거였어요.

대학원에는 이름만 들으면 다들 아실 회사의 마케터분들도 많이 계셨는데, 하나같이 이론보다는 실무가 더 중요하다고 말씀을 해 주셨어요. 저는 이론적으로 배우는 과정에서 제가 여태 실무 위주로 해왔던 행보가 틀리지 않았다는 확신을 키울 수 있었어요.

마케터로 시작한 만큼 홍보의 중요성은 말할 것도 없지만, 그만큼이나 자본을 마련하는 능력이 중요하다는 말씀드리고 싶어요. 이 능력은 매출일 수도, 투자일 수도, 혹은 지원 사업일 수도 있어요. 일단 자본이 있어야 확장하든 유지를 하든 선택할 수 있는 거지, 자본이 없어서는 축소되고 사라지는 선택지밖에 남지 않으니까요.

그러니 지원 사업을 잘 알아보고, 적극적으로 활용하셨으면 좋겠습니다.

이청택X컴다운

좋아하고, 또 잘하는 사업을 위해

컴다운

0. 아이템 소개
블루택

가죽공예 리미티드 강사 양성 프로그램과 원데이클래스 중개 서비스 플랫폼.

1. 좋아하는 것을 넘어 잘할 수 있는 것은?

가죽 공예는 원래 취미였어요. 고용노동부에서 직업상담사로 일하며 조금조금 배우고 있었죠. 그러던 어느 날, 저를 가르쳐주신 선생님과 함께 강의를 나갈 일이 생겼어요. 보조 역할이긴 했지만 직접 가르쳐 주다 보니, 굳이 어려운, 고난도의 기술이 아니더라도 사람들이 만족할 만한 교육을 할 수 있다는 것을 알게 되었죠. 그때부터 조금씩 강사 양성에 관한 생각을 해 왔어요.

한편, 직업상담사로서 사람들에게 여러 직업을 소개해주다 보니 창업에 관한 호기심도 조금씩 생겼어요. 저는 늘 직업에 관해 공부하고, 직원으로 들어갈 사람들을 마주하고 설명을 해 주는데, 직업에서 중요한 요소 중 하나인 회사에 대해서는 잘 모른다는 생각이 들었거든요. 나도 해볼까? 그런 생각이 들었어요. 어차피 저는 어릴 적부터 꿈이랄 것도 따로 없었고, 그냥 자유롭게 살고 싶다는 마음이었거든요. 직장에 연연하기보다는 생각이 났을 때 조금이라도 빨리 시작을 해보고 싶었어요. 망해도 빨리 망하는 게 낫다는 심정으로요. 어차피 사업은 운칠기삼 아니겠어요?

사업을 결심한 이후에는 어떻게 하는 게 좋을지 곰곰이 생각해 보았어요. 제가 싫어하는 것은 하기 싫고, 제가 하고 싶은 것을 해야 하는데 단순히 하고 싶은 게 아니라 또 잘할 수 있어야 하는 걸 해야 한다고 생각했거든요. 질리지 않고, 하고 싶은 그것을 위해 여러 수고를 견딜 수 있는 것이 무엇이 있을까 고민하다, 가죽공예를 떠올렸어요. 사실 꼭 가죽공예가 아니어도, 제가 좋아하고 잘하는 것이 있었다면 그걸

했어도 상관없었어요. 그저 우연히, 그게 가죽 공예였던 거예요.

2. 지원 사업을 향한 여정

저는 지원 사업을 네 개 정도 합격을 했어요. 지원 사업마다 조금씩 아이템이 달라지긴 했지만, 크게 두 단계로 나누자면 '가죽 공방'과 '원데이 클래스'라고 할 수 있을 것 같아요. 지역 지원 사업과 국가 지원 사업을 가리지 않고 제품 제작과 관광 쪽은 다양하게 나오더라고요. 그 두 가지를 충족하려면 공방이 꼭 필요했고, 제가 하고자 하는 강사 양성까지 가는 과정으로 원데이 클래스를 내세웠죠.

사업계획서를 쓸 때는 최대한 재미있게 쓰려고 노력했어요. 소설을 쓸 때도 뒤 내용이 궁금하게 해야 계속 넘겨보는 것처럼, 사업계획서도 비슷하다고 생각했어요. 그러면서도 어려우면 읽기 싫어질 테니 40퍼센트 정도는 그림 자료를 쓰려했고요. 개인적으로는 이게 서류 통과할 때 가장 중요하지 않았을까 생각이 들어요.

사업계획서가 첫인상이라면 진짜는 발표라고 생각했어요. 발표를 당당하게, 긴장하지 않으려 얼마나 노력했는지 몰라요. 아는 내용을 말하고, 아는 내용의 질문을 듣는 것은 떨 필요가 없으니까요. 한 번은 질문 시간이 예정 시간의 두 배가량 진행된 적도 있었는데, 당황스럽긴 했지만 떨진 않았어요. 웃으며 제가 이해한 제 아이템을 설명할 수 있었으니까요. 제 아이템의 약점과 강점, 보완이 필요한 부분을 미리 알고 답변을 할 수 있다면 무서울 게 없다고 생각하면서요.

저는 스트레스 받는 게 싫어요. 자유와 낭만을 사랑하지만 그걸 지키려다 현실이 어그러지면 행복하지 않잖아요. 제가 견딜 수 있을 정도로만 스트레스 받는 것. 그게 제가 사업을 해 나가면서 중요하게 생각하는 거예요.

3. 청년창업사관학교에 입교하다(이하, '청창사')

제가 합격한 아이템은 가죽공예강사를 양성하고, 이들을 소비자와 연결해 주는 플랫폼이에요. 이전에도 가죽공예와 관련된 원데이 클래스나 교육은 있었지만, 강사를 양성하고 소비자와 연결해 주는 프로그램은 확실히 적었거든요. 초보가 왕초보를 가르칠 수 있는 시스템이라는 생각으로 배우는 기간을 최대한 줄이고, 공방을 차리는데 드는 많은 설비를 저희와 공유함으로써 강사분들도 편할 수 있게 준비했어요.

소비자 입장에서도 좋은 것이, 기존 플랫폼들의 고질적인 문제인 서비스 품질 관리 문제를 해결할 수 있었어요. 플랫폼 시장은 소비자의 피드백이 있더라도 공급자에게 그것을 반영하기 어렵지만 제 구상에서는 강사들이 저희 소속이다 보니 피드백을 훨씬 원활하게 진행할 수 있을 테니까요.

저는 시장조사를 가장 중요하게 생각하며 사업계획서를 썼어요. 다행히 사람들이 경험에 투자를 많이 하는 시기라 원데이 클래스의 수요는 계속 늘어나는 추세였고, 주부나 경력 단절 여성, 부업을 찾는 직장인처럼 추가적인 수익을 바라는 사람의 수도 많았어요. 그렇게 플랫폼의 소비자와 공급자를 확보할 수 있다는 것을 중요하게 생각했어요. 결국 시장 조사가 가장 중요하지 않았나, 하는 생각이 들어요.

저는 이전에 고용노동부에서 일했던 경험을 살려 협업을 제안해 볼 계획이에요. 당장은 아니더라도, 지금부터 준비해서 후에 바우처 이용 기업으로 등록까지 나아간다면 훨씬 구해지기 편할 테니까요.

4. 좋아하는 것과 잘하는 것, 그 사이에서

저는 취미였던 가죽 공예로 창업을 했지만, 사실 좋아한다는 이유만으로 창업을 하는 것은 조금 부족하다고 생각해요. 무언가를 좋아하면 그것 하나만 계속하고 싶어지거든요. 저는 카페인 〈컴다운〉도 함께 운영하고 있는데, 커피를 사랑하고 또 내리는 것을 좋아한다고 카페를 차리면 커피에만 신경을 쓰게 되더라고요. 사업을 하기 위해서는 기술이나 홍보, 마케팅, 내부 시스템 등 필요한 게 정말 많은데, 좋아하는 것은 그것을 하는데 신경이 다 쏠리는 것 같아요.

그래서 저는 잘한다는 것은 정말 종합적으로 잘하는 사람이라고 생각해요. 맛있는 커피를 내리는 것에만 신경이 쏠려 있는 것이 아니라, 맛있는 커피를 내리는 사업을 보존할 수 있도록 요즘 유행하는 컨텐츠를 조사하고, 홍보 동영상을 찍고, 원재료의 가격이나 상태, 전반적인 무역의 흐름 등 여러 가지를 아우를 수 있는 사람 말이에요.

물론 저도 그런 사람이 되기에는 아직 멀었어요. 가죽 공예를 배우기는 했지만 아주 오래된 장인은 아니고, 처음 오픈했을 때 감사하게도 사람들이 많이 찾아와 주시고, 또 지원 사업에서 만난 분들의 도움이 있어 잘 되었던 거죠. 스스로도 그것을 알아 공부를 많이 했어요. 노력도 많이 했고요. 아마 합격하신 많은 분은 엄청난 노력을 했을 거고, 저도 조금이라도 그것을 따라가기 위해 열심히 하고 있어요.

세상에 공짜는 없다잖아요. 컴다운 사장이 내어주는 휘낭시에 빼곤!

이지현X루티크

게으름뱅이를 위한
라이프 스타일 브랜드

루틴크

0. 아이템 소개
캡슐형 친환경 무향 세제
일상을 편안하게 만드는 라이프스타일 브랜드.

1. 게으름뱅이를 위한 나라는 없다

 저는 게으른 사람이에요. 좀 편하게 살고 싶은 정말 평범하게 게으른 사람. 그런데 취직을 한 이후에는 게으를 수가 없더라고요. 7시까지는 자고 싶은데, 출근을 해야 하니 화장도 안 하고 나가 12시 1시까지 야근을 하고 집에 돌아오니 도저히 게으를 수가 없더라고요. 저는 게으름뱅이가 될 권리를 박탈당한 거예요. 저만 그러겠어요? 다들 아침 9시에는 출근할 거고, 퇴근해서 집에 돌아오더라도 집에 와서 밥 먹으면 한두 시간 있다 자야 하잖아요. 저는 이런 게으름뱅이가 살아남을 수 없는 이 세상에, 그들을 지키기 위해 사업을 하고 있어요.

그 첫 번째 아이템은 바로 폼클렌징! 화장을 하면 이중 세안을 해야 하잖아요. 그게 너무 귀찮지 않나요? 그래서 한 번만 세수해도 전부 지울 수 있는 폼클렌징을 개발! 하려 했는데⋯ 안타깝게도 폼클렌징 같은 경우에는 개발 기간이 너무 오래 걸리더라고요. 그래서 안타깝게도 다음 기회로 미루게 되었습니다.

그렇게 탄생한 두 번째 아이템이 〈캡슐형 친환경 무향 세제〉입니다! 혼자 집안일을 하다 보면 세제 붓고, 계량하고, 넣고 이것저것 번거롭단 말이에요. 이 세제는 그냥 빨래할 때 적당히 집어넣으면 되니 참 편할 것 같았어요. 특히 자취하는 2030을 대상으로 하면 참 좋겠다⋯ 싶었는데, 의외로 2030은 잘 안 사더라고요. 싸기만 하면 상관없는 건지⋯ 그런데 오히려 3040에서 관심을 많이 보였어요. 이분들 같은 경우에는 친환경과 무향이라는 키워드에 반응하시는 것 같더라고요. 그래서 그쪽을 타겟팅해서 사업을 진행하고 있습니다.

2. 처음에는 무서웠던 사업, 창조경제 혁신센터와 청년창업 사관학교에 들어가다(이하, '창경' '청창사')

대부분의 사람이 그렇듯 저도 당장 창업을 할 생각은 없었어요. 그냥 나아아중에, 회사 다닐 거 다 다니고 하고 싶은 것이 생겼을 때, 인맥도 있고 자본금도 좀 쌓였을 때, 한 마흔 즈음에 사업을 해야겠다, 그 정도 생각이었죠. 그런데 전에 다니던 회사에서 갑작스레 퇴사하게 되었어요. 너무 힘들었거든요. 첫 직장이다 보니 너무 열정이 넘쳤어요. 매일 야근하고, 나중에 다 도움이 되는 거로 생각해서 다른 팀들의 업무도 도맡아서 맡기도 하고…. 그때는 게으름뱅이가 아니었죠. 하하….

그렇게 모든 것을 불태우고 나니 뭘 하기가 싫었어요. 다른 회사에 취직도 잠깐씩 했는데 열정이 전혀 생기지 않더라고요. 그렇게 축 처져 있다가 주위에 사업을 하는 친구들을 보니 저도 한번 해 볼까, 생각이 들었어요. 여차하면 물어볼 수도 있다는 사실이 용기를 조금 준 거죠. 일단 부딪혀 보자! 젊을 때 도전해 봐야지! 라는 마음으로 임했어요.

처음에는 신사업창업사관학교에 들어가고 싶었어요. 하지만 수도권은 경쟁이 너무 치열해서인지 맥도 못 쓰고 떨어져 버렸고요, 하는 수 없이 부모님이 사시는 지방으로 내려가 그쪽에서 지원 사업을 받았어요. 마침 창경에서 친환경 관련 창업을 준비하는 예비창업자에게 1,500만원을 주는 지원 사업이 나와 얼른 신청했죠. 다행히 창경 지원 사업은 곧바로 붙어 〈친환경 무향 세제〉를 개발할 수 있었습니다.

첫 지원 사업 받았던 것이 친환경이기도 하고, 저도 관심이 많아서 이후로도 계속 친환경과 관련된 쪽으로 방향을 잡으려 해요. 전에 비해 관심이 떨어졌다고는 하지만 여전히 부모님들 사이에서는 관심이 커요. 아이를 위해 깨끗한 제품을 찾고, 나아가 기업 이미지가 친환경적이면 신뢰도 주시고요. 그래서 제품뿐 아니라 포장지처럼 제품 외적인 부분도 친환경을 브랜드 이미지에 포함하려 하고 있었어요.

그다음으로 청창사에 지원한 아이템은 〈라이프 스타일 브랜드〉에요. 그리고 상술한 시제품으로는 출시했던 세제를 고체 캡슐형 세제로 재편할 수 있지요. 이전에는 그저 친환경 세제였다면 라이프 스타일, 즉 '게으름뱅이를 위한 나라'를 만들기 위해 보다 간편한 아이템으로 바꾼 거죠. 그리고 앞으로 계속해서 아이템을 개발해 나갈 수 있도록 여지를 열어 두었어요.

생각해 놓은 게으름뱅이 아이템은 이전에 개발하지 못했던 폼클렌징이나, 다양한 물건을 효율적으로 수납할 수 있는 가방같이 일상을 더 편하게 만들어주는 아이템들이에요. 폼클렌징은 이중 세안의 귀찮음을 이기게 해주고, 가방은 상황마다 가방을 따로 챙기지 않아도 되게 다양한 물품을 수납할 수 있게 제작하는 거죠. 이렇게 제품군별로 하나씩 개발을 해나갈 거예요. 그 과정에서 친환경은 최대한 지켜나가려 하고요. 가방 소재를 리사이클링 소재로 사용하거나….

3. 사업에서의 어려움

정말 많은 어려움이 있지만… 사실 가장 공감되실 어려움은 물건이 잘 안 나가는 게 아닐까 싶어요. 아무리 힘들어도 매출이 잘 나오면 행복할 것 같은데, 이전에 만든 〈친환경 무향 세제〉도 잘 나가지 않고 있어요. 그보다 더 막막한 것은 제가 홍보나 마케팅 같은 쪽을 정말 전혀 모른다는 거예요. 원래 SNS를 안 하다 보니 굉장히 멀게 느껴지고…. 단계별로 척척 진행이 되면 좋을 텐데, 그런 게 잘 안되어서 곤란해요.

그 외에 스트레스 역시 사업을 할 때 잘 이겨내야 할 것 같아요. 물건이 잘 안 나가거나, 개발이 어렵거나, 혹은 막막할 때면 스트레스가 쌓이게 되는데, 직장인일 때와 사업가일 때 스트레스 푸는 방법이 달라요. 회사 다닐 때는 주말에 1박 2일 여행을 가거나 여유롭게 드라이브만 가도 충분히 힐링이 되었는데, 사실 이건 평소와 다른 특별한 날이기에 그런 거잖아요. 그런데 사업을 하게 되면 주말이라는 것이 따로 없어요. 평일에도 일을 미루면 여행을 갈 수 있고, 주말에도 갈 수 있고…. 그래서 여행이 '딱 이 기회에만 누릴 수 있는 행복'이라는 느낌이 없어 그저 평범한 곳이 되는 것 같아요. 스트레스가 잘 풀리지 않죠.

외로움 역시 풀기가 어려워지죠. 회사에 다닐 때는 늘 사람들과 교류하고, 업무적으로라도 대화를 하고, 만약 일에서 화나는 일이 있으면 쉽게 공감해 줄 수 있는 동료들에게 하소연하고 털어버릴 수 있잖아요. 하지만 사업을 하고 나면 그럴 수가 없어요. 회사 일로 힘들더라도 그건 오직, 이 회사 대표인 나만이 하는 고민이에요. 친구들에게 설명하려면 배경부터 일이 일어난 상황까지 전부 설명해야 하는데, 반도 이해하기 힘들 거예요. 그래서 점점 말을 하지 않게 되고, 속에만 쌓여 있어요. 소소한 스몰 토크라도 할 수 있으면 좋을 텐데.

여러 어려움을 겪으며 깨달은 것은, 너무 완벽해지려는 마음을 내려놔야 한다는 거예요. 저는 완벽주의자 기질이 있어요. 공개할 때는 부끄러움 없이 완벽하게 세상에 내보이고 싶은데, 그럼 계속 딜레이될 수밖에 없는 것 같아요. 일단 세상에 던져보고, 차차 수정하고 고쳐 나가는 부분으로 방향을 잡으실 수 있으면 좋을 것 같아요.

이전 대학생 시절 해외 박람회 통역 알바를 한 적이 있었어요. 그때 작은 회사의 이사분이 오셨는데, 뭐랄까, 저희에게 십 원 한 장 낭비하지 않겠다는 의지가 보였어요. 보통 박람회 물품이 남으면 다시 한국으로 가져가기 힘드니 알바들에게 나눠주기도 했는데, 절대 손 못 대도록 눈에 불을 켜고 지키시더라고요. 물론 그게 잘못된 것은 아니에요. 하지만 빙그레 대표님을 보았을 때는 저도 모르게 비교하게 되더라고요. 통역비 수수료가 50퍼센트인데, 대표님께서 그걸 아시곤 따로 알바에게 금액을 얹어 주시기도 하고, 홍보용으로 가지고 온 음료를 몇 박스 선물도 해 주시고…. 저는 그런 여유 있는 사업가가 되고 싶어요. 너무 허리띠 졸라매고 박한 대표가 아니라, 아끼지 않고 주변 사람들에게 베풀며 사람을 많이 남길 수 있는 사람.

아직은 실천할 자신이 없지만… 나중에라도 그런 사업가가 되고 싶습니다.

김삼성X비응도등대가

베일에 감춰져 있던 게딱지를 떼다

비둘기 대가

0. 아이템 소개
가정간편식 간장게장
게의 등딱지를 떼어 진공포장한 가정간편식 간장게장.

1. 불합리한 것은 바꿔야 한다
부모님이 군산에서 요식업을 20년 정도 하셨어요. 저도 열다섯 살부터 아버지와 함께 수산업 유통을 했고요. 그때는 용돈벌이 정도라고 생각했지 가업이라던가 이런 생각은 전혀 하지 않았어요. 대학도 전혀 관련 없는 영문과로 갔고, ROTC를 하며 작전장교로 임관도 했지요. 저는 군사 분야에 관심이 많았어요. 전역 후에는 영국 군사학과로 유학까지 갔고요. 워싱턴이나 UN, EU처럼 범국가적인 군사 조직에 들어가는 것이 목표였어요. 정말 게장과는 아무런 관련 없는 꿈이었죠.

 제 인생이 바뀐 첫 단추는 코로나였어요. 저는 그때도 유학 중이었는데, 영국은 코로나 때 정말 완전히 봉쇄를 해버리더라고요. 도서관, 마트 미용실… 문을 연 곳이 아무 곳도 없었어요. 학업은커녕 생존도 힘들었지요. 어쩔 수 없이 한국으로 돌아와 집안일을 돕기 시작했어요.

 부모님과 함께 일하며 수산물 시장의 흐름에 대해 많이 배웠어요. 여수의 유명 식당에 납품도 했고요. 꽃게 수매 시기나 시기별 포란율, 수율, 경매 참여법…. 수산업 종사자라면 당연히 알고 있지만 일반인이라면 잘 모르는 정보를 많이 알게 되었어요. 하지만 알면 알 수록 점점 수산물 시장, 그중에서 게 시장이 무척 불합리하다고 느껴졌어요.

 수산물 시장 중에서 꽃게 시장은 상당히 큰 편인데, 가격을 지나치게 많이 받는 세태가 있어요. 한 박스 도매가가 6만 원이라면 사람들에게 팔 때는 20만 원이 넘게 팔려요. 세상에 아무리 마진을 붙이는 게 장사라고 해도 그렇지, 마진율이 80퍼센트나 되는 식품이 어디 있어요. 과연 이렇게까지 비싸야 할까? 저는 아니라고 생각했어요.

그때부터 생각했어요. 언젠가 이 꽃게 시장을 통째로 바꾸겠다고.

2. 기존 간장게장 시장은 식품으로서의 기본을 갖추지 못했다

기존 게장 시장은 식품으로서 가져야 하는 기본적인 요소들을 가지고 있지 못해요. 간장게장이라는 것이, 뚜껑을 닫고 판매를 하잖아요. 그러다 보니 품질이 일정할 수가 없죠. 속살이 충분히 차 있는지, 상하거나 녹지는 않았는지. 보낼 때는 무게라던가 신선도가 괜찮아 보였는데 막상 도착해서 까보면 전혀 다른 경우도 많았어요. 그런데 식품 중에 품질 관리가 되지 않는 것이 있나요? 도착해서 받아보기 전까지 품질을 알 수 없다는 것 자체가 굉장히 이상한 거예요. 식품이라면 위생을 위해서라도 품질 관리가 되어야 하는데 게장은 전혀 그렇지 않았어요.

그렇다면 탈이 날 것을 각오하고도 먹어야 하는 강점이 있냐고 묻는다면 그것도 애매해요. 생으로 가는 음식이다 보니 배송이 까다롭고, 껍질이 있다 보니 먹는 것도 일이니까요. 말 그대로 간장게장을 먹고 싶다면 어쩔 수 없이 불합리한 상황을 감수하고 주문을 해야 하는 거였죠. 온고지신이라고, 전통과 혁신을 함께 가져가야 나아갈 수 있는데, 간장게 장은 그냥 과거에만 머물러 있는 것 같았어요. 먹는 것도 불편하고 배송도 어려워요. 식품 사업이라고 말할 수 없을 정도로 편의성이 떨어지는 것이 이전 간장게장 시장이었어요.

그렇게 창업을 할까 말까 계속 고민을 하던 시기에 만난 사람이 와이프였어요. 저를 정말 많이 좋아해주었죠. 그때 와이프가 부모님 일을 도와드리자고 이야기해 줬어요. 그 후로 서로 논의하여, 창업하되 똑같은 아이템으로 하지 않고 보완해서 진행해 보자고 했어요.

3. 간장게장의 껍질을 따다

간장게장의 품질 관리를 위해 곧바로 떠올릴 수 있는 것은 뚜껑을 따서 유통하는 거였어요. 사실 뚜껑만 따도 대부분의 문제를 해결할 수 있거든요. 수율이 어느 정도인지, 포란율은 어떤지, 상태가 좋은지 나쁜지 한눈에 보이니까요. 하지만 그걸 실현할 기술을 개발하는 것은 어려웠어요. 가장 먼저 직면한 문제는 뚜껑을 따서 유통하면 속살이 다 녹아버린다는 거예요. 간단한 발상이 여태까지 실현되지 못한 데에는 이유가 있던 거죠. 하지만 그렇다고 포기할 수는 없었어요. 힘들다고 해서 손 놓고 있으면 아무것도 변하는 게 없잖아요. 그때부터 뚜껑을 따면서 위생적으로 소비자에게 게장을 보낼 방법을 연구하기 시작했어요.

문제를 해결하기 위해 아이디어를 다양하게 펼쳐보고 해 볼 수 있는 것을 시도해 보고, 안 될 것 같은 것은 보류하는 나날이 계속되었어요. 그러다 문득 진공포장을 하면 어떨까 생각이 들었습니다. 진공포장은 신선도를 유지하는 유서 깊은 방법이니까요. 무작정 서울로 올라가 진공포장 업체를 찾았어요. 한 손에 꽃게를 손에 들고 포장해 볼 수 있냐고 물어보고 그랬죠. 그런데 아무리 시도해도 꽃게에 달린 가시 때문에 자꾸 구멍이 나는 거예요. 그래서 풀이 죽은 채 털레털레 집으로 돌아왔던 기억이 나요.

본격적으로 연구를 해야겠다는 생각이 들었어요. 하지만 그때는 지원 사업의 존재조차 몰랐죠. 저희 부모님 세대 때까지만 해도 그런 게 없었고, 비응도가 군산 중에서도 시골이다 보니 애초에 존재할 것이라는 추측 자체를 떠올리지 못한 거죠. 하는 수 없이 대출을 받아 진공 포장하는 기계를 들여왔어요.

사실 이때부터 조금씩 부담이 오기 시작했어요. 제가 하는 일에 대한 확신이 없었거든요. 정말로 사람들은 뚜껑 없는 게장을 바랄까? 사람들은 사실 뚜껑이 있든 없든, 품질이 안 좋은 거 받으면 똥 밟은 셈 치고 넘어가도 별 상관없어하는 게 아닐까? 나만 이렇게 진지한 건 아닐까? 그런 불안한 마음들. 그래도 꾹 참고 계속 연구해 나갔어요.

뚜껑을 딴 게장을 만드는 데에는 생각보다 많은 공정이 필요했어요. 생게 상태에서 뚜껑을 따고, 이걸 숙성하고, 가시를 제거하고…. 말로 하면 간단해 보이지만 한 공정을 증명할 때마다 게를 수도 없이 까야 했어요. 밤마다 혼자 공장 구석에서 게를 땄죠. 늘 주말도 없이 작업장 구석에서 게만 만지고 있으니까 가족들의 걱정도 컸어요. 이거 안 될 거니까 그만하라고, 아버지는 물론이고 어머니랑 동생들까지 전부 저를 말렸어요. 안 그래도 불안했던 마음은 계속 커졌거든요. 연구가 얼마나 길어질지도 알 수 없는데, 하나 증명할 때마다 계속 게를 계속 따야 하고, 열심히 한다고 뚜껑 딴 게장을 개발할 수 있을 것이라는 보장도 없고, 설령 개발한다고 해도 사람들이 사 줄지에 대한 보장도 없잖아요. 아무리 불합리한 시장을 바꾸겠다는 당찬 포부와 단단한 다짐이 있더라도 무한이 될지도 모르는 그 과정이 너무 무서웠어요. 이 끝에 아무것도 없으면 어쩌지? 그래도 계속했어요. 정확히는, 해야 했어요. 하지 않으면 변하는 게 없으니까.

사실 시장 조사를 먼저 했다면 힘들었던 시간이 조금 덜했을 텐데, 그때는 그런 걸 몰랐어요. 이전에는 이미 게장을 원하는 사람들이 있었고, 저는 납품하기만 하면 됐으니까요. 새로운 것을 개발할 때는 시장을 조사해야 한다는 것을 뒤늦게 알게 되고 시장 조사를 해 봤어요. 뚜껑을 딴 게장, 필요하다고 생각하십니까? 떨리는 마음으로 시장 조사를 마쳤을 때, 제 생각보다 훨씬 좋은 반응에 마음을 한시름 놓았던 기억이 나요.

그리고, 결국엔 성공했습니다. 다시 해보라고 하면 절대 못 할, 뚜껑을 딴 게장.

4. 청년창업사관학교에 입교하다(이하, '청창사')

청창사에 들어오기 전, 게 진공포장 기술과 양념은 이미 개발이 끝나 있었어요. 그리고 기존에 먹기 힘들다는 문제점을 개선하기 위해 단순히 뚜껑을 따서 배송하는 것이 아니라 사람들에게 먹기 쉽고 친숙하게 다가가야 한다고 생각했고요. 그래서 저희는 게와 소스를 분리해서 유통과 신선도를 유지함과 동시에, 가정에서 이를 받아 게에 소스를 뿌려 먹을 수 있게 했어요. 청창사에 들어온 직접적인 아이템도 〈밀키트 간장게장〉이고요. 다만 시간이 조금 지나서 생각해 보니 밀키트보다는 가정간편식(HMR)이라고 하는 것이 맞았을 거 같아요. 밀키트는 재료를 보내주면 직접 조리하는 건데, HMR은 뜯어서 바로 먹을 수 있는 걸 말하니까요. HMR이 조금 더 취지에 맞는 워딩이었죠.

간장게장을 따는 기술은 물론 소스까지 모두 특허로 등록된 상태예요. 그런데 기술 개발은 되었지만 아직 사업화는 충분히 시키지 못했어요. 제품으로서의 매력을 개발하고, 사람들에게 친숙하게 다가갈 방법을 찾아야 했죠. 그래서 청창사에는 브랜딩이나 기술 고도화, 맛의 다양화 같은 쪽으로 어필을 했어요. 실제로 받은 지원금도 포장재나 기업 브랜딩에 많이 들어갔고요.

맛에 있어서도 훨씬 좋은 결과를 낼 수 있게 되었어요. 간장게장은 양조간장을 쓰느냐 진간장을 쓰느냐에 따라 맛이 크게 갈려요. 저희는 여태 진간장을 베이스로 만들었는데, 이번에 청창사에서 받은 지원금으로 양조간장을 원 없이 살 수 있었어요. 그 두 간장을 조합하여 보다 발전된, 조화로운 맛을 찾을 수 있게 되었고요.

지금 목표는 백화점이나 아울렛처럼 고급 시장에도 진출을 하는 거예요. 뚜껑이 있고 장에 절여져 있을 때는 포장이 아주 제한적이지만, 둘을 분리하고 진공 포장을 한다면 충분히 포장도 고급스럽게 가능해요. 게장이라는 음식이 시골과 도시 사이의 취급이 매우 다른데, 시골에서는 그냥 앞바다에 나가서 잡아먹는 것이 서울에서는 고급 음식으로 취급되기도 하니까요. 게장 역시 누군가에게는 평범한 반찬이지만 누군가에게는 특별한 날 먹는 음식이 될 수도 있어요. 그때 그 특별한 날에 어울리는 모습으로도 다가가고 싶습니다.

기간 내 충분히 하지 못할 것들도 많아요. 가령 저희는 게 탈각기를 개발하고 싶어요. 새우나 게맛살 껍질을 까주는 기계는 지금도 있으니 만드는 것 자체는 어렵지 않을 것 같지만, 초기 스타트업이 진행하기에는 비용 부담이 크죠. AI카메라를 활용해 게의 수율을 체크하여 자동으로 분류하는 기계도 만들고 싶어요. 저희는 게딱지를 떼는 만큼 시각적으로 수율을 체크할 수 있고, 그렇다면 카메라를 이용해 품질을 관리할 수 있거든요. 살이 꽉 찬 것은 상품으로, 덜 찬 것은 살만 따로 모아서 순살 제품으로 만드는 식으로요. 이렇게 한다면 70%까지 공정을 자동화시킬 수 있을 거 같아요. 하지만 아직은 돈도 부족하고, 기계를 놓을 공간도 충분히 확보하지 못했으니 준비가 더 필요하죠.

5. 데이터베이스화된 게장 시장을 꿈꾸다

저는 시대를 따라가는 것이 중요하다고 생각해요. 군산에 틀어박혀서 혼자 벽 보고 게만 따다가, 광주로 나와서 여러 사람들을 만나는 일은 저에게 큰 충격을 주었어요. 이전에는 얻을 수 없던 인사이트를 굉장히 많이 얻었죠. 그중에 새로 꾸게 된 꿈은 게 플랫폼이에요. 단순히 게를 사고파는 플랫폼이 아니라, 전국의 게에 관한 유통 정보가 소비자들에게 공개될 수 있는 창구를 만드는 거죠. 어디에서는 얼마에 도매가 이루어졌는지, 이쪽 도매시장의 수율은 어느 정도였고 포란율은 어느 정도인지…. 이런 것들을 종합적으로 함께 조사한 플랫폼을 만드는 거죠.

과거에는 부동산에 관해 사람들이 조사하기 어렵고 중개업자를 통해서만 알다 보니 구매자가 피해를 보는 경우가 많았잖아요. 하지만 직방이 등장하며 여러 부동산을 한눈에 파악 가능하게 되면서 소비자들의 눈이 훨씬 트이게 되었죠. 저는 게장 시장에서도 그런 변화를 바라요. 그리고 가능할 거라 생각 합니다. 저희는 뚜껑을 따니까! 뚜껑을 따면 그 도매시장 게의 정보를 소비자까지 가서야 아는 것이 아니라 저희가 직접 알 수 있으니까! 이 정보들을 무료로 공개해서 유통 시장을 건강하게 만들 수 있을 거라 생각해요.

6. 다음 세대에게는 게장이 친숙한 음식이 되길 바라며

대부분 게장을 안 먹는 분들은 과거에 품질이 떨어지는 게장을 먹었기 때문이에요. 너무 비리거나 부패가 되었거나, 삭았다던가. 이런 잘못된 게장을 먹고 탈이 난 경험이 있으니 꺼리게 될 수 밖에 없죠.. 저는 오히려 그런 분들에게는 저희 제품을 권하고 있어요. 품질 관리가 된 게장은 이런 맛입니다, 하고. 그럼 이전과 다르다고 하시는 분들이 굉장히 많았어요. 이미 드시지 않는 모든 분을 제가 데리고 갈 수는 없을지도 모르지만, 적어도 저희 다음 세대의 아이들은 잘못된 게장을 먹고 안 좋은 인식이 생기지 않았으면 좋겠어요.

물론 알러지는 어쩔 수 없죠. 저도 갑각류 알러지가 있어서 잘 압니다.

  저는 저희 기술이 널리 알려지길 바라요. 사람들에게 뚜껑을 딴 게가 당연한 것으로 인식되는 순간, 기존에 뚜껑을 닫은 채 품질관리가 되지 않는 게장에 의문을 품을 거니까요. 그럼 그때부터 이 시장을 바꿀 수 있는 거예요. 많은 수산물 업자는 저를 싫어할 수도 있지만… 제가 바라는 건 게장이라고 하는 아이템이 사람들 사이에 오랫동안 남는 것이니까요.

강혜정X들꽃

생명과 함께하는 우리의 삶

들꽃

0. 아이템 소개

우리집 정원

내 책상 위의 작은 숲

1. 만족스레 다니던 직장 생활

어릴 적부터 '꼭 창업을 해야 겠다!'하는 것은 딱히 없었어요. 꽃을 좋아하기는 했지만 그냥 마음이 그랬던 거지, 이걸 업으로 삼겠다는 생각도 없었죠. 평범하게 호텔 경영학과를 나왔고, 또 평범하게 관련 직종에 취직했어요. 하고 싶은 일을 하며 살아간다는 것에 만족했습니다.

꽃에 흥미가 생긴 것은 한창 일을 하고 있을 때였어요. 호텔에서 일을 하다 보면 생화 장식을 하는 플로리스트들을 보게 되는데, 무에서 유를 만드는 광경을 옆에서 바라보며 조금씩 꽃에 관심이 생기기 시작했어요. 창업을 염두에 뒀다기보다 그냥 하고 싶어서 했어요. 어릴 적 꽃을 좋아하던 제 모습이 생각나기도 했고요.

20대에는 적성에 맞는 일 하고, 하고 싶은 공부 하면서 지내는 것으로 만족하며 살았어요. 하지만 결혼을 하고 아이를 가지게 되면서 생각이 조금씩 바뀌게 되었습니다.

2. 나의 소중한 시간을 꽃피우기 위해

결혼을 하기 전에는 직장에 다녔지만, 결혼 후에는 아이와 시간을 더 보내고 싶었어요. 아이가 어릴 때 제가 옆에 있어 줘야겠다는 생각이 항상 들었던 것 같아요. 아이를 낳고 나서부터는 생활이 모두 아이에게 맞춰지게 되니까요.

코로나 때 출산과 육아를 하면서 대부분의 시간을 집에서 보낼 수밖에 없었어요. 하지만 29살이라는 나이에 사회와 단절되어 가는 제 모습이 너무 작고 초라해 보이더라고요. 아무것도 하지 않고, 가만히. 저는 결국 남편과 상의 후에 본래

하던 원예 공부를 다시 시작하게 되었어요. 그때, 원예를 배우러 다니는 시간이 저에게 덧없이 소중한 시간처럼 느껴졌어요. 그래서 더 몰두하고, 더 열심히 배웠죠. 그렇게 원예와 식물에 관한 여러 생각들이 피어오를 때, 창업을 하면 어떨지, 생각이 들었어요. 남편이 사업을 하고 있어 무척 바쁘다는 것은 알고 있었지만 그래도 시간을 유동적으로 쓸 수 있으니까요. 아이와 시간을 보낼 수도 있으면서, 제가 전하고자 하는 메시지를 세상에 전달하기에도 좋을 것 같았어요.

그렇다고 당장 창업을 해야만 한다, 하는 생각은 아니었어요. 오히려 천천히 지원 사업부터 준비를 해 나갔죠. 원예학원에 다니며 소상공인시장진흥공단에서 진행하는 신사업창업사관학교에 관해 들은 적이 있었어요. 예비창업자만 지원할 수 있다 보니 아직 사업자 등록을 하지 않은 제 여건에 잘 맞는 사업이라 생각했어요.

남편과 충분히 이야기를 나누었어요. 남편도 충분히 제 이야기에 공감하고 지지해 주었죠. 신사업창업사관학교에 지원할 아이템과 사업 방향성을 생각하며 원예에 관한 공부를 했어요. 하고자 하는 것의 방향성도 점점 잡혀갔지요.

3. 신사업창업사관학교에 들어가다(이하, '신창사')

신창사에 합격한 아이템은 소규모 이벤트 공간 기획/연

출이었어요. 스몰 웨딩이나 소규모 돌잔치, 반려동물 장례식처럼 특별한 공간이 필요할 때 그곳을 디자인해 주는 아이템이죠. 코로나 시기였던지라 큰 행사를 열기 어렵다는 상황에 맞춘 아이템이기도 했고, 그 공간을 생화로 꾸며, 단순히 '예쁜 공간'에 그치는 것이 아니라 살아있는 식물과 교감하고, 정서적인 편안함을 줄 수 있다는 것을 강조했지요. 꽃의 종류와 연출에 따라 여러 바리에이션을 만들어 고객들이 취향껏 선택할 수 있도록 했어요.

신창사에서 도와준 것은 주로 다양한 교육 프로그램과 정보들이었어요. 시세 조사, 시장 동향, 인구 파악 등 다양한 조사 방법과 데이터를 알려주셨죠. 하지만 이것들을 직접적으로 원예에 적용할 수는 없었어요. 원예시장만의 특수성이 있고, 또 대부분의 사람에게 꽃은 그저 예쁜 '물건'이라는 인식이 있지만, 저는 꽃을 생물로 보며 소통하는 존재로 생각했거든요. 관점이 다르니 사업의 방향성도 달라질 수밖에요.

가령 제가 이끼를 통한 수업을 진행한 적이 있는데, 사실 이끼는 대부분의 사람 눈에 예쁘다고 보기는 어렵잖아요. 하지만 자신이 어떤 마음으로 어떻게 해주느냐에 따라 이끼의 퀄리티, 생기, 생장이 크게 달라져요. 그 과정에서 내가 키우는 자연물을 직접 만지고 지켜보며 힐링을 하시는 분들도 많지요. 대부분의 사람이 사회에서는 바쁘게 움직이잖아요. 그런 바쁜 현대인의 삶 속에 오롯이 나와 함께하고, 내 사랑을 통해 자라는 존재가 있다는 사실은, 마음을 편하게 만들어 주거든요. 저는 현대인의 바쁜 일상에 한 줌의 사랑을 전해주고 싶었어요. 사랑을 받는 것이 아니라 사랑을 주고, 또 그것을 돌려받는 것을 원예가 해줄 수 있다고 믿어요.

그런 의미에서 꽃으로 공간을 만드는 것이 무척 의미 있는 일이라고 생각했어요. 신창사에 합격한 이후에는 플라워샵을 낸 후, 원예의 다양한 방면을 사람들에게 알리고 싶었어요. 그저 예쁘다는 것이 아니라 많은 사람들의 공감을 이끌어내고 싶었죠. 그래서 조금 더 풍부한 방향으로 사업을 구성하기 위해 책이나 기사를 통해 사회에 관한 공부를 하기도 하고, 박물관이나 건축물, 청계천 같은 풍경을 보며 '사람들이 공감할 수 있을 공간'을 조사해 나갔어요. 물론 꽃을 좋아하는 사람들의 트렌드를 알아보기 위해 전시회나 새벽시장에도 나가보고요. 정말 열심히 살았어요.

그래도 아쉬움이 있다면 사업 시작 전에 더 다양한 지원 사업을 찾아보지 못한 거예요. 임대료 지원 사업이나 인테리어 지원 사업 같은 것들이 많이 있었는데 그것도 모른 채 일년이 후딱 지나가 버렸거든요. 창업을 준비하시는 예비창업자분들은 다양한 지원 사업을 알아보셨으면 좋겠어요.

4. 청년창업사관학교에 입교하다.(이하, '청창사')

신창사가 끝난 이후에 곧바로 청창사를 준비하지는 않았어요. 일단 오프라인 샵이 자리를 잡아야 한다고 생각했거든요. 지원 사업 때문에 제 사업을 등한시해서는 안 되니까요. 일 년 정도는 매장이 자리를 잡는 데 집중했어요. 그러다 보니 어느 시기에 꽃을 많이 찾는지, 또 어느 시기에는 어떤 이벤트가 있는지 전반적인 흐름이 확 와닿더라고요. 자료로 보는 것과 직접 경험해 보는 것은 또 느낌이 달랐어요. 그 후, 11월즈음이 되어서 청창사를 준비하기 시작했지요.

청창사를 선택한 이유는 '동기'나 '교수'같은 학교적인 요소들 때문이었어요. 신창사에 있다 보면 여러 지원 사업의 관계자분들이 멘토 역할로 오시는데, 대부분의 지원 사업은 소속감이나 유대감보다 일종의 '창업 키트'를 주는 것 같다는 생각이 들었어요. 반면 청창사는 서로 함께 이끌어주고, 성공한 사람들과 저 사이에도 유기적으로 관계가 생기니 저도 성장할 수 있다는 생각이 들더라고요.

청창사에 합격한 아이템은 업사이클링 관련 아이템이었어요. 청창사는 명확한 시제품이 있는 것이 좋다고 들었는데, 생화이다 보니 제조하기가 불가능했거든요. 그러다 페플라스틱을 활용해 원예 제품들을 만드는 업사이클링을 선택했어요. 그런데 막상 붙은 이후가 더 문제였어요. 사업을 시작하려 하니 대기업에서 이미 움직이는 동향이 있던 거죠. 혼자 시작하기에는 자본이든 시스템이든 인력이든 여러모로 무리가 있을 것 같았어요. 공장을 직접 돌아다니며 미팅도 진행해 보았는데, 다들 반응이 썩 좋지 않았고요. 그래서 빠르게, 방향을 바꾸기로 결단을 내렸습니다.

교수님과 상담하며 고민만 커지던 시기, 서울 리빙 페어를 참관하게 되었어요. 페어를 둘러보면서도 아이디어를 계속 생각하게 되었던 것 같아요. 많이 보고, 많이 담고, 많이 돌아다녔죠. 그러다 우연히 테라리움 두 눈으로 접하는 순간, 눈이 번쩍 뜨였어요. 저는 처음 사업을 시작할 때부터 공간과 식물, 그리고 사람 사이의 관계에 집중하고 있었다 보니 '책상 위의 작은 숲'이 얼마나 가능성이 있을지 감이 왔거든요. 하지만 기존 테라리움을 그대로 가지고 오기에는 무리가 있었어요. 테라리움은 꽤 인기를 끌고 있는 종목이라서 차별점이 확실해야 했으니까요. 저는 퀄리티와 컨셉에 집중을 해보려고 해요. 아직은 공간에 '자연' 느낌이 나는 무언가를 둔다는 것 의미를 두며, 이를 사람들에게 더 공감이 갈 만한 컨셉을 가지고 고퀄리티로 제작을 해보고 싶어요. 이후에는 원예가 잘 발달하여 있는 각 나라로 수출할 수 있게요.

5. 사람들의 삶에 의미를 꽃피우기

'예쁜 꽃을 파는 집'이 되는 것도 충분히 가치 있는 일이지만, 저는 사업가 개인의 마음속에 바라는 꿈이 있는 것도 중요하다고 생각해요. 저는 제 사업이 바쁜 현대인의 삶에 안정감을 주었으면 좋겠어요. 또, 제가 좋아하는 꽃으로 사업을 계속하고 싶기도 하고, 사랑하는 가족들과의 삶을 계속 이어나가고 싶기도 해요. 누군가는 이렇게 다양한 것들을 좇으려 하다 보면 아무것도 되지 않는다고도 하지만 저는 그렇게 생각하지 않아요. 사람의 삶을 지지해 주는 작은 요소들을 지켜나가는 것은 정말 중요하니까요.

사람들의 일상에 안정을 주고자 하는 것도 마찬가지예요. 현대 사람들은 무언가를 이루기 위해 바쁘고 타이트한 삶을 살아가잖아요. 저는 그사이에 소소한 행복과 안정을 드리고 싶어요. 누군가에게는 그게 예쁜 꽃을 보는 것이 될 수도 있고, 또 누군가에게는 꽃을 보기 위해 잠깐 멈춰서는 그 시간이 될지도 몰라요. 자신의 손길에 따라 빛깔을 띠는 식물을 길러보는 것일 수도 있고요. 저는 제가 하고 싶은 꽃으로 사람들의 일상에도 여유를 줄 수 있다면, 그것으로도 좋아요.

반려동물을 키우는 것이 정서에 발달을 준다는 것은 잘 알려져 있지만 식물에 대해서는 비교적 덜 알려진 것 같아요. 유럽은 물론 미국이나 호주, 심지어 가까운 일본에도 아이들의 정서 치료에 식물을 기르는 것을 많이 활용해요. 스스로 식물을 기르고, 돌보며, 또 그것을 사람들과 함께 나누는 것으로 관계에 관해 조금씩 알아가는 거죠. 저는 이런 다양한 식물에 관한 이야기가 알려지고, 사람들의 삶에 안식을 줄 수 있으면 좋겠어요.

모두가 일상에서 힐링을 찾아갈 수 있게, 교감할 수 있는 세상을 만들고 싶어요.

6. 당신의 삶에도 의미가 빛나길 바라요

창업에는 순서가 없어요. 아무것도 모르는 아줌마에서 지금까지 이뤄오며 달려온 것 같아요. 누구나 도전할 수 있고, 창업하기 위해 정부에서도 많은 지원을 아낌없이 해주고 있다고 생각하고요. 그것을 기회로 만드는 것이 역량이라고 생각해요. 누구든 할 수 있고 누구에게나 평등하게 주어지는 기회인 만큼 목표와 꿈이 있다면 도전하는 삶을 살아보는 것도 좋은 방법인 것 같습니다. 아무것도 없는 저도 이만큼 해왔으니까요. 그리고 외길이지만, 옆에 있는 같은 자영업자들 또는 창업가분들과 많은 이야기와 교류를 나누는 것도 정말 좋은 방법의 하나인 것 같습니다. 그 안에서 힘을 얻고 위로도 얻는 것 같아요. 창업자의 길은 외롭지만, 그래도 버틸 힘을 만들어가는 것도 중요한 것 같아요. 청년창업사관학교를 입교해서 많은 것을 배우고 얻고 경험하면서 더 나아가는 저를 발견하게 되었어요. 오늘 하루를 최선을 다 해 살아가다 보면 더 나은 미래를 만나게 되겠죠? 항상 응원합니다, 모두. 감사합니다.

송은혜X으네로브

P가 지원 사업하는 리얼 다큐멘터리

어느날

0. 아이템 소개

핸드스킨케어 제품

업사이클링 자연유래 성분을 활용한 핸드스킨케어 제품.

1. **미술 적성을 살리는 취업 계획**

어머니가 미대를 나오셔서 어릴 적부터 미술이랑 친했어요. 유치원 때부터 그림 그리는 것을 좋아했지요. 학생 시절에는 열심히 공부해서 내신을 따기 위해 일반 고등학교에 갔는데, 성대하게 실패해 버렸어요. 이게 참, 중학교 공부랑은 다르더라고요. 그래서 새로운 진로를 찾아야 했어요. 재능이 있던 미술 쪽과 흥미가 있던 네일 아트 쪽을 두고 고민을 했지요. 그래도 먹고 사려면 미술보다는 네일 아트가 맞다고 생각해 진로를 정하고 학원을 등록했습니다.

네일 아트라는 것이 본격적으로 유행한 지는 사실 그렇게 오래되지 않았어요. 제가 1세대 네일 아트부터 흐름을 쭉 따라온 사람일 정도니까요. 처음에는 매니큐어에서 젤 네일, 그리고 지금의 네일 아트까지…. 고등학교를 졸업한 후에는 뷰티과에 들어가 피부나 메이크업도 배웠는데, 역시 네일 아트가 제일 적성에 맞았어요. 어릴 때부터 미술을 할 때도 늘 세밀한 곳에 집중하는 것을 좋아했는데, 천성이 네일아트에 맞았나봐요. 그렇게 대학을 졸업한 이후 네일샵에 들어가게 되었습니다.

저는 원래 CEO에는 아무런 관심이 없었어요. 오너, 경영, 창업…. 저에겐 너무 먼 이야기였어요. 만약 관심이 있었다면 창업을 더 빨리했을 거예요. 저는 그냥 네일 아트 하는 게 재미있고, 좋았어요. 그렇게 20대를 온실 속의 화초처럼 즐겁게 보냈습니다.

그 후, 원장님께서는 카페 창업을 위해 네일샵을 닫게 되었고, 저는 잠시 휴식의 시간을 보냈습니다

2. 네일샵 하나의 흥망성쇠를 함께하다

저는 한 네일샵의 일생을 함께했어요. 처음 오픈할 때부터 성수기를 맞이하고, 문을 닫는 과정까지. 그래서 결국 네일 아트를 계속하려면 창업해야 하는 상황이 되었어요. 일을 하는 동안 결국 언젠가는 저도 창업해야 한다는 인식이 생기긴 했는데… 제가 남들보다 실행하는 게 좀 느려서, 차일피일 미루다 마지막의 마지막에서 창업을 하게 된 거죠.

그래도 다행이라면 네일 아트는 손님들이 아티스트를 보고 찾아오는 경우가 많다는 거예요. 비록 샵은 바뀌겠지만 제가 기존에 보던 손님들은 저를 찾아와줄 거라는 믿음도 있었고요. 지원 사업이 있다는 것을 알게 된 후로 미리 오픈 장소도 알아보고, 인테리어도 알아보고 그랬어요. '되면 이렇게 해야지' 상상하면서, 신사업창업사관학교에 지원할 준비를 했지요.

3. 신사업창업사관학교에 들어가다(이하, '신창사')

사업계획서 같은 서류를 써 본 적이 없었어요. 그래서 인터넷에서 사업계획서 쓰는 방법 유료 강의를 샀습니다. 그런데 그걸 보고 나서도 어떻게 써야 할지 잘 모르겠더라고요…. 그래서 신창사 홈페이지에 들어가서 우수사례들을 훑어봤어요. 떡집을 한다면 어떤 식으로 아이템을 써야 하는지 같은 거요. 그렇게 생각한 아이템이 〈반려동물 동반이 가능한 1인 네일샵〉이었어요.

그나마 다행이었던 건 친한 동생이 청년창업사관학교에 붙은 회사, 에 다니던 직원이었다는 거예요. 부탁해서 사업계획서를 어떻게 쓰는지 도움을 받았어요. 그때 사업계획서에 쓸 만한 단어들로 많이 고칠 수 있었죠. 시장조사를 할 때는 네이버를 통해 반려견 가구 수 같은 것을 찾아서 넣었고요. 사실 이게 설득력 있다고 생각했다기 보다는 일단 빈칸이 있으면 안 된다는 생각이 컸어요. 처음 써 보는 거니까, 어떻게든 제출을 해봐야겠다는 생각이었죠. 다행히 제출 기한도 2주 정도 딜레이되면서 서류 심사는 붙었고요.

다음은 면접 심사가 있었어요. 신창사는 앞에 나가서 발표하는 게 아니라, 사람들을 네다섯 명 정도 동시에 불러들여서 집단 면접을 보았어요. 피칭 발표를 해 본 적이 없어, 복장 갖추고 인쇄물만 가지고 심사장에 갔어요. 각자 자리에 앉으니 자신의 사업에 관해 설명해 보라고 해서 말로 설명해 드렸어요. 그런데 연습을 한 것도 아니니 막 이상한 말 하고…. 그랬죠.

질의응답을 할 때도 엄청 떨려서 저는 제가 떨어진 줄 알았어요. 다른 분들은 넷플릭스 디자인 쪽으로 엄청 유명하신 분들이었고, 또 다른 분은 반려동물 옷을 만드는 사람이었는데 되게 잘하시는 것 같았거든요. 그렇게 연락을 기다리니

예비 1번으로 붙었다고 하더라고요. 1번이면 혹시 될 수도 있지 않을까 기대하고 있었는데, 다행히 중도 포기자가 생겨서 신창사에 붙을 수 있었어요.

4. 신창사 합격 후 본격적으로 사업 시작!

입교한 한 달 동안은 정말 바빴어요. 매일 나가서 하루 종일 강의를 들었어요. 피봇팅, 고도화, 사업계획서 쓰기…. 이런 설명을 미친 듯이 들었어요. 열심히 들을 수밖에 없었던 게, 지원금 액수가 한 달 후에 있는 발표에서 정해진다는 거예요. 교육을 받으면서 공부하고, 자신의 사업계획서를 잘 스피치해서 등수별로 지원금을 주겠대요. 최대 3천만 원이었는데, 저는 애초에 그 정도는 바라지 않았고… 2천만 원이라도 받자는 마음으로 열심히 준비했어요. 다행히 딱 목표치만큼 받았죠.

돈이 아니더라도 저에게 도움이 되었던 것은 심적인 부분이었어요. 사실 대학을 졸업하고 나면 어딘가에 소속된다는 게 어렵잖아요. 사회에서 만난 사람들은 늘 경계하고, 순수하게 대하기 어렵고…. 그래도 신창사 동기나 친구들은 순수하게 만날 수 있다는 것이 좋았어요. 제가 외로움을 많이 타는 성격이라 함께 있다는 것이 참 많이 도움이 되었죠. 사기꾼 같은 사람들로부터 지켜도 주고…. 여러모로 신창사에 온 것은 제 인생 선택이었다고 생각해요.

하지만 그것과는 별개로 사업은 너무 힘들었어요. 모든 게 다 돈이더라고요. 처음에는 그 개념이 약해서 내일 재료를 사거나 월세를 내거나 하는 것을 전혀 생각 못 하고 돈을 펑펑 썼어요. 식비나 간식비 같은 거요. 뒤늦게 고지서를 보고 나서야 한 달 동안 울었죠…. 재료고 뭐고 다 돈이구나. 전기세에다가 정수기, 프로그램비, 인터넷 이런 것만 해도 30만 원 정도 나오는 데다가 월세에 대출 이자에…. 여름에 전기세가 많이 나오는 것까지도 힘들더라고요. 어떻게 예산을 짜도 그것보다 더 들었어요. 지원금을 받았다고 다가 아니더라구요…. 처음 사업을 시작할 때 1년 치 자금은 모아두고 시작하라는 조언이 뒤늦게 떠오르더라고요. 다 들어야 했는데…. 그게 안 되니 버는 족족 메워야 해서 정말 힘들었어요.

그래도 다행인 건 네일샵 손님은 계속 찾아와 주었다는 거예요. 기존에 제 손님들은 물론이고 알음알음 주변에서도 오시고…. 아쉬웠던 것은 직원으로 근무했던 것을 그대로 반복하는 것에 그치지 않았나, 하는 생각이 조금 들어요. 이제 제가 사장이니까, 저희만의 아이덴티티를 가지고 샵을 꾸려나가야 했는데 점포를 내서 돈을 받아야 한다는 것에 너무 급급했죠. 그래도, 덕분에 월세는 낼 수 있었으니까요.

신창사를 다니며 청년창업사관학교에 대해 알게 되었어요. 그곳도 신창사처럼 끈끈한 분위기라서 다음 목표지는 저

기다! 하고 생각했죠. 그런데 막상 사업을 시작하고 나니 여유가 없었어요. 도저히 지원 사업을 받아 추가로 뭔가 더 할 수가 없을 것 같은 거예요. 그래서 1년은 그냥 일만 했어요. 여유가 없었으니까요. 사업자 등록하고 3년 안에 지원해야 한다는 것을 알았지만 어쩔 수 없었어요. 저는 전략적인 캐릭터도 아니고… 다음 연도에 해야겠다 생각했죠.

5. 청년창업사관학교에 들어가다(이하, '청창사')

 청창사에 합격한 아이템은 〈핸드스킨케어 제품〉이에요. 신창사를 하며 얻은 경험이 있어서인지, 준비 과정은 아예 처음 시작했던 신창사와 전혀 달랐어요. 가장 먼저 '청창사에 합격하려면 어떻게 해야 할까?'라고 생각을 해 봤어요. 제가 기술 개발을 할 수는 없으니까 제품 개발을 선택했어요. 처음에는 매니큐어를 개발 해볼까 싶었는데, 그보다 제가 일하면서 느낀 문제점을 해결할 수 있는 방향으로 진행하는 게 좋을 것 같아 핸드크림으로 아이템을 정한 거죠. 그렇게 사업계획서를 쓰기 시작했습니다.

 그런데 저는 화장품에 대해 그리 잘 알지 못했어요. 하지만 주변에 화장품에 관한 전문가들은 조금 있었죠. 화장품 회사에 다니는 지인이나 관련 업계와 연이 있는 분들의 도움을 많이 받았죠. 생산이야 위탁을 맡기고 판매만 제가 하면 될 거로 생각했는데 사업계획서를 쓰다 보니 또 턱 막히더라고요. 잘할 수 있는 업체를 찾는 것이 중요하다는데, 미팅 한 번 해 본 적 없는 내가 잘할 수 있을까? 화장품을 판매하려면 이공계 학위를 받아야 하는데, 그럴 시간이 될까? 자부담금도 준비해야 하는데…. 여러모로 숨이 턱 막히더라고요. 여름에는 한창 성수기인데 그때 청창사의 일정과 네일샵을 잘 병행할지도 걱정이었어요.

사실 합격한 이후에도 힘든 일이 많아요. 다시 돈 문제로 돌아가는데, 저는 네일샵을 해서 손님을 만나고 돈을 벌려고 했는데 청창사에 합격한 아이템은 핸드크림이다보니 한 일에 집중하기가 어려워요. 선배들이 지원 사업에 힘을 쏟느라 본업에 태만해지면 안 된다고 했는데… 기존 아이템의 고도화라기 보다 새로운 아이템으로 이원화를 시도하다 보니 더 힘든 것이 있는 것 같아요. 처음 지원할 때부터 나의 분야와 지원하는 아이템의 간극을 최대한 좁혀서 동행이 쉽게 설계해야 했는데. 너무 막연하게, 일단 합격하면 해결 되겠지라는 생각을 했던 것 같아요. 저는 나태한 P에요. 벼락치기하고, 부딪히고 깨지는 P….

그래도 해야 했어요. 저는 네일 아트를 정말 좋아하지만, 네일샵은 사업이라기보다는 장사에 가까워서 제가 일 한 만큼 돈을 벌어요. 3시간 동안 손님을 응대하고 돈을 받고, 또 비싼 시술을 하면 돈을 받고. 그렇게 일을 하다 보면 계속해서 제가 한 시간에 얼마를 버는 사람인지 생각하게 되더라고요. 그렇게 있다 보면 틀에 박힌 채로 금방 시간이 흐를 것 같았어요. 그래선 안 됐어요. 처음에는 실패할 가능성을 줄이기 위해 1인 네일샵으로 시작했지만, 사업적으로 업그레이드를 시켜 제가 잘 때도 돈을 벌 수 있는 뭔가를 만들어야 했어요. 지금은 제가 한번 아프기라도 하면 샵에 못 나가는 동안 고스란히 손실로 이어지니까요.

아직도 저는 너무 부족한 것 같아요. 그런 만큼 늘 성실히 청창사 교육에 참여하고, 다른 분들에게 적극적으로 도움도 청하면서 열정을 보여주려 해요.

정희림X꼼브레

문제성 피부 전문가의
피부관리 기초 화장품 키트

꼴레

0. 아이템 소개
돈 워리 워터리스 크림 모델링팩

인체 공학적 디자인을 활용한 피부 맞춤 홈 에스테틱 모델링 팩 KIT.

1. 미용학원 경력 7년을 가지고 시작한 창업

전에는 미용학원에서 7년 동안 근무를 했어요. 그곳에서는 상담이나 자격증, 서비스 등 여러 활동을 했지요. 그러다 점차 제가 잘 하는 것을 알게 되었어요. 저는 어떤 부분을 '예쁘게' 꾸미는 재주보다 '가꾸는' 것을 잘 했어요. 네일 아트처럼 예술적 감각을 살리는 것보다 피부 관리처럼 꾸준히 질을 향상하는 것에 재주가 있었죠. 그 즈음 저도 저만의 브랜드, 저만의 샵을 가져야겠다는 생각에 피부관리실 창업을 시작하게 되었어요. 제가 일 한 것을 온전히 제가 가지고 싶다는 생각도 있었고요.

저는 뷰티과를 나와 미용학원에서 근무했던 만큼 미용 기술에 대해서는 지식이 있었지만, 이것을 서비스하고 다양한 고객에게 시술하는 것은 조금 다른 영역이라고 느꼈어요. 그리고 저도 다른 사람을 가르치며 배운 사람과 그렇지 않은 사람의 차이가 크다는 것을 알고 있었기에, 창업을 하기 전 피부관리에 관한 내용을 추가적으로 교육받았어요. 제가 알던 것을 리마인드 하기도 하고 제가 몰랐던 것을 새로 알게 되기도 하며 오픈 준비를 했죠. 이미 미용에 관한 일을 오래 해왔던 터라 그 과정이 오래 걸리지는 않았어요.

처음에는 지원 사업을 몰라서 퇴직금을 모아 샵을 차렸어요. 미용 쪽에 오래 있다 보니 기본적인 유통이나 샵 흐름에 대해서는 알고 있었죠. 특히 기존에 영업을 했기 때문에 SNS나 블로그, 인스타그램 등 여러 루트로 홍보를 많이 했어요. 처음에는 오는 사람이 한 명도 없었는데, 그렇게 꾸준히 홍보한 끝에 회원수를 800명까지 끌어올릴 수 있었어요. 실제로 일한 경험이 정말 여러모로 도움이 되었습니다.

2. 첫시작, 어려웠던 시기

처음 시작할 때는 코로나가 가장 때라 굉장히 힘들었습니다. 퇴직금도 썼는데 매출이 너무 저조해서 소비를 엄청나게 줄였던 기억이 나요. 덜 쓰고 덜 먹고, 덜 사고…. 임대료는 또 어떻게 냈는지…. 그때는 매출이 너무 저조하니까 부업으로 스마트 스토어를 하며 버텼어요. 생활용품도 팔고, 후라이팬도 팔고…. 도매장에서 물건을 떼서 판매했는데 생각보다 잘 됐어요. 한 달에 20개 이상씩은 꾸준히 나갔으니까요.

그렇게 버텨나가고 있을 때, 꾸준한 홍보가 조금씩 빛을 발했어요. 한 번 사람들에게 알려지니 회원이 조금씩 늘었는데, 이때는 오히려 코로나라는 점이 호재가 되었어요. 마스크 때문에 피부 고민을 가진 분들이 샵을 찾아 주셨거든요. 그 외에도 문제성 피부를 가진 분들이 효과를 보시면서 꾸준히 들러 주어 어느 정도 자리를 잡을 수 있었어요. 이때까지 1년이 걸렸죠.

이렇게 성장한 데에는 시장 조사도 한몫했어요. 제가 창업한 지역에는 에스텍틱 샵이 없었어요. 초창기에 저희가 유일했는데, 보통 미용 관련해서는 가까운 곳을 많이 가니까요. 저는 저희 동네에서 창업을 해서 그런 니즈를 알고 있었고 빠르게 판단해서 창업을 했던 거였거든요. 그 과정에서 서울이나 부산의 유명 샵들이 사용하는 제품들을 많이 사용하며 그것을 홍보 포인트로 삼기도 했죠.

처음 사업을 시작하면 큰돈이 통장에 들어오니 사치를 부리게 된다는 말을 들은 적이 있어요. 그래서 저는 자리를 이전부터 늘 생각했어요. 돈을 많이 벌더라도 절대 낭비하지 않겠다고. 벌 수록 오히려 더 안 쓰고 아끼고, 이따금 큰일이 생길 때만 벌어놓은 돈을 쓰며 사업을 지속해 나갔어요. 그렇게 하니 코로나를 버티고 난 이후에 목돈들이 점점 들어오기 시작하더라고요.

3. 청년창업사관학교에 들어오다(이하, '청창사')

저는 지원 사업이라는 게 있다는 사실 자체를 몰랐어요. 대학 시절 친구가 신사업창업사관학교를 받은 것을 보고 처음 지원 사업을 알게 되었죠. 하지만 저는 당시에 이미 사업자 등록을 했던 터라 신사업창업사관학교에 들어갈 수는 없었고, 가장 서류를 빨리 받는 지원 사업에 신청했어요. 그게 청창사였죠.

저는 청창사 외에 다른 지원 사업은 쓰지 않았어요. 지원 사업을 잘 모르기도 했고, 이미 어느 정도 매장이 자리를 잡은 터라 그렇게 막 절실하고, 간절하고 그러지는 않았어요.

되면 좋고 아니면 다른 거 해 보지. 그래서 지금도 청창사 외에 다른 지원 사업은 잘 몰라요.

청창사에 합격한 아이템은 미끄러지지 않는 고무 볼이었어요. 팩을 만들 때 가루와 물을 섞어 반죽을 만드는데, 기존 고무볼들은 미끄러워서 손목에 부담이 많이 갔거든요. 11월에 청창사 설명회를 들은 후 서류를 준비했어요. 논문 쓰듯 논리를 맞춰 쓰는 것을 중요하게 생각했는데, 혹시 저만 아는 이야기를 하고 있는 게 아닐까 싶어 알고 지내던 다른 대표님들께 피드백을 부탁드리기도 했습니다.

발표 평가에서는 최대한 많이 웃고 큰 소리로 발표했습니다. 심사위원분들께서는 이 높은 매출을 어떻게 만들었는지, 고무볼을 이용한 팩이 기존의 것들과 무엇이 다른지 여쭤보셨고요. 전반적으로 긴장하지 않고 기세를 유지하려 노력했습니다.

하지만 합격한 이후에 아이템을 바꾸게 되었어요. 교수님께서 고무볼보다 조금 더 많은 사람을 잠재 고객으로 삼는 것이 좋지 않겠냐는 조언 덕분이었죠. 현재 진행 중인 제품은 〈인체 공학적 디자인을 활용한 피부 맞춤 홈 에스테틱 모델링 팩 KIT '돈 워리 워터리스 크림 모델링팩'〉이에요. 지금 저희 샵에는 피부 관리 중에서도 문제성 피부를 주로 다루고 있는데, 청소년부터 성인 여드름까지 고민을 가진 많은 분을 보았어요. 이런 분들을 위한 기초 화장품 세트가 저희 아이템입니다.

기초 화장품 세트로 한 것은, 그게 현대인에게 잘 맞기 때문이에요. 저도 샵을 운영하고 있지만 많은 분이 시간 내기를 어려워하세요. 매번 샵까지 와서 관리받는 비용도 있고요. 무엇보다 문제성 피부는 남녀를 가리지 않고 겪는 고민인데, 아직은 여성분들에 비해 남성분들이 샵을 찾는 문턱이 있으신 것 같아요. 이렇게 다양한 요인으로 샵을 직접 찾는 데 어려움이 있으신 분들에게는 간편하게 접근할 수 있는 아이템이 좋다고 생각했어요.

초보자분들은 물양 조절부터 어려움을 겪기 때문에 양 조절이 쉬운 크림타입으로 제품을 내었어요. 그리고 최상의 효과를 볼 수 있는 사용 방법을 최대한 디테일하게 적었고요. 피봇팅을 통해 변경한 아이템이긴 하지만 오히려 제가 평소 관심 있어 하고 좋아하는 분야라 고무볼보다 더 잘 할 수 있을 것 같아요.

홍보 문구 역시 함께 생각했어요. 우선 제가 현역으로 활동 중인 문제성 피부 전문가이니 그 점을 강조할 수 있겠고, 학교에서 강의하고 있다는 것도 강점으로 사용할 수 있겠죠. 실무에서 사용하며 쌓인 노하우로 어떤 성분을 써야 할지, 그걸 어떤 제형과 종류로 하는 것이 좋은지를 최대한 반영하여 제품을 만드니 품질에도 자신이 있어요. 최종적으로 토너와 수딩젤, 그리고 재생크림 라인으로 결정했죠.

다만 개발이라고 하는 것이 낯설어서 어려움이 있기는 해요. 시제품 개발하는 과정 자체를 모르다 보니 미팅에서 질문이 나오면 답변할 수가 없더라고요. 화학을 전공한 것이 아니다 보니, 경험적으로 어떤 성분이 들어가면 좋은지는 알고 있지만 성분의 충돌, 안정성처럼 생소한 부분이 어려웠어요. 다행히 중간중간 공부하며 미팅을 진행하였고, 곧 시제품이 나오게 됩니다.

4. 꼼브레의 향후 계획

샵 운영으로는 한계가 있어요. 단순히 돈을 버는 것에 대한 것뿐 아니라, 피부 고민을 가진 사람들에게 닿을 수 있는 창구도 한정되니까요. 많은 사람들의 피부 고민을 해결해 주고 싶은데, 제 몸은 하나라서 쓸 수 있는 시간이 너무 한정적이에요. 그래서 제품을 통해 좀 더 낮은 문턱으로 사람들에게 찾아가고 싶어요. 그것을 위해 성분을 유지하면서 가격은 최대한 낮추려 하고 있고요.

나중에는 해외 수출도 생각하고 있어요. 그렇게 쭉쭉 뻗어나가게 되면 샵도 다른 방식으로 운영하게 되겠죠. 하지만 저는 더 많은 사람의 피부 고민을 해결해 줄 수 있다면 그 방향으로 나아갈 거예요.

박원희X이레컴퍼니

기독교적 신념을 바탕으로
요양 보호사와 어르신을 연결하다.

이레
컴퍼니

0. 아이템 소개
요양 보호사 - 어르신 연결 플랫폼

어플리케이션 버튼 하나로 도움이 필요한 어르신과 근처 요양 보호사를 빠르게 매칭 시켜주는 플랫폼.

1. 나에게 주어진 사명

저의 삶을 이야기할 때 종교를 빼놓고 이야기할 수는 없어요. 어렸을 때는 그냥 놀러 갔던 교회에 이렇게 깊은 믿음을 가지게 될 줄은 몰랐는데…. 재작년에 하나님을 만난 이후로는 늘 그분의 사랑을 느끼고, 제가 세상에 해야 하는 사명은 무엇인지에 대해 생각하고 있어요.

하나님의 자녀들이 이 땅에 온 것에는 사명이 있기 때문이에요. 기독교에서 말하는 사명이란, 우리가 죽기까지 지켜야 하는 명령을 말해요. 이에 관해서는 다양한 해석이 있겠지만 저는 죽기까지 지켜야 한다는 말에 우리의 생명과 관련이 있는 것이라 생각했어요. 그래서 저는 저에게 생명을 주신 어머니와 아버지를 생각하며 저의 사명은 무엇인지 고민했지요.

저희 어머니는 늘 저에게 사랑을 표현해 주셨고, 아버지는 때로는 무뚝뚝하게, 때로는 익살맞게 제가 사랑받는 존재라는 것을 알려주셨습니다. 제가 부모님에게 받은 것이 사랑. 그렇다면 제가 세상에 행할 사명도 사랑이라고 생각했어요.

그것을 받아들이고 나니 제가 그간 살아온 나날들이 이해되었습니다. 어렸을 때부터 늘 사람들을 돕고 싶어 했거든요. 어려운 사람들을 돕고 싶어 변호사가 되기 위해 노력하기도 했고, 교직원으로 근무할 때도 사람들을 도와준다는 마음으로 일하고 있었어요. 지금 제가 가진 아이템도, 거동이 불편하신 어르신들을 도와주는 플랫폼입니다. 저는 이것이 제 사명이라고 생각해요.

종교적인 신념은 사업을 할 때도 많은 도움을 주어요. 사업을 하다 보면 긴장되는 순간을 자주 마주하게 됩니다. 프레젠테이션할 때도, 미팅할 때도 그랬어요. 마음이 불안해질 때면 늘 하나님께 기도하고 자리에 임했어요. '저의 능력이 아닌 예수님의 능력으로 일하게 하옵소서.' 그러고 나면 마음이 편안해지고, 제가 가진 가치관을 말할 자신감이 샘솟았어요. 그래서 저는 제가 이룬 것들이 제 혼자만의 힘으로 이뤄냈다고 생각하지 않아요. 하나님이 함께하셨기에 가능했다고 생각합니다.

2. 사명을 완수하기 위한 사업

본래는 사업을 하겠다는 생각이 전혀 없었어요. 제가 무척 존경하는 아버지께서 사업을 하셨는데, 그때부터 은연중에 '저렇게 대단한 분이 하는 것이 사업이구나. 나는 못 할 거야.'하고 지레 포기했거든요. 하지만 세상을 살아가며 로스쿨 수험생도 해 보고, 교직원으로 근무도 해 보며 새로운 경험을 해보고 싶었어요. 이전에 제가 해보지 못한 무언가에 도전해 보고 싶었던 거지요. 그동안 사업은 하지 않겠다고 생각해 온 것이 무색하게 첫 시작은 가벼웠던 것 같아요.

가벼운 마음이라고 해서 어설프지는 않았어요. 제 손에 닿는 곳부터 차분하게 준비해 나갔습니다. 가장 먼저 지자체에서 시행하는 창업 교육을 들었어요. 그곳에서 창업 교육에 대한 기초적인 것들을 배웠는데, 이전까지 아무것도 몰랐던 저라도 어느 정도 해 볼 수는 있겠다, 라는 생각이 들었어요. 그리고 이곳에서 배운 것을 바탕으로 아이템을 생각할 수 있었어요.

저희 어머니께서는 효성이 지극하신 분이셨어요. 몸이 편찮으신 외할머니를 데리고 병원에 자주 다니시곤 했는데, 그럼 어머니의 하루를 모두 써야 했어요. 교육을 들으며 그런 기억이 떠오른 거예요. 엄마를 대신할 사람이 있었으면 좋겠다, 엄마의 하루가 엄마 것이었으면 좋겠다. 그게 제 사업의 시작이었어요.

그렇게 요양 보호사분들과 어르신을 연결해 주는 플랫폼을 떠올렸어요. 다른 사람이라면 믿지 못할 수도 있지만, 요양 보호사분들처럼 전문가라면 맡길 수 있을 것 같았거든요.

3. 생애최초 청년창업 지원 사업을 받다(이하, 생애최초)

지자체에서 교육을 받으며 지원 사업에 대해 이것저것 알게 되었어요. 그중 28세 이하인 예비창업자에게 가장 좋은 기회인 '생애최초 청년창업 지원 사업'에 도전했지요. 사업계획서를 쓸 때 지자체의 교육이나 멘토님들의 도움, 그리고 로스쿨을 준비하며 익혔던 논리적 사고 방식이 많은 도움이 되어 무사히 합격할 수 있었어요.

생애최초에 지원했던 아이템은 '병원동행서비스 플랫폼'이었어요. 요양 보호사들의 목록과 도움이 필요한 어르신들의 목록을 작성하고, 어르신의 요청이 있으면 매칭을 진행하는 형식이었죠. 처음에는 어플리케이션이 아니라 목록을 통해 전화로 연결하는 것으로 시작했지만, 나중에 어플리케이션을 통해 플랫폼으로 전환할 수 있도록 사업을 시작했습니다.

제가 가장 먼저 얻어야 하는 것은 인력 풀이었어요. 확보한 요양 보호사님들이 계셔야 플랫폼을 만들 수 있으니까요. 그렇다면 요양 보호사님들을 만나기 위해서 어떻게 해야 할까요? 찾아보니 자격증을 얻기 위한 학원이 있더라고요. 그래서 곧바로 학원에 등록하고, 총무 자리를 맡아 한 분이라도 더 많은 사람들을 만나려 했습니다. 늘 저의 사업을 설명하고, 함께 하자며 홍보하고 다녔지요.

매일 학원에서 사업 이야기를 하다 보니, 학원 원장님께서 제게 좋은 제안을 해 주셨어요. 23개 학원이 모인 협회에서 사무국장을 해 보라는 거였죠. 저는 망설이지 않고 제안을 승낙했어요. 그렇게 다른 학원에도 홍보할 수 있었고, 본격적으로 사업을 시작할 즈음에는 30명의 인력 풀을 모을 수 있었습니다. 그 이후에도 워크넷이나 잡코리아 같은 사이트들을 통해 하나하나 연락드리다 보니, 현재는 60분 정도가 저희와 함께하고 있지요.

저는 생애최초를 받는 동안 시범 사업을 해봐야겠다고 생각했어요. 지원 사업을 받았다는 것만으로도 어느 정도 커리어가 되기도 하고, 지원금이 있을 때 빨리 시작하는 게 좋으니까요. 그 시기에는 복지관과 지자체를 중심으로 계속 전화를 돌렸습니다. 이미 어르신들을 상대로 복지 서비스를 진행하고 있는 곳이라면 저희가 필요한 분들의 목록이 이미 있으실 것으로 생각했거든요.

하지만 시범 사업을 유치하는 것은 정말 어려웠어요. 일단 전화가 연결되면, 저희가 어떤 사업을 하고 어떤 서비스를 운영하고 있는지를 설명 드리고, 다음에는 미팅 날짜를 잡아야 했는데 대부분은 전화 단계에서 좌절되었죠. 거절, 거절, 또 거절…. 계속된 거절이 마음 아팠지만 멈출 수는 없었어요. 불안한 마음이 차오를 때면 기도하며 버텼죠. 그래도 계속 영업을 했어요. 어차피 사업을 하기 위해서는 꼭 필요한 과정이니까요.

그렇게 계속 영업을 한 끝에, 기적적으로 한 구청과 시범 사업을 할 수 있게 되었어요. 예상했던 대로 구청에서는 이전에도 비슷한 결의 사업을 한 적이 있어 저희의 도움이 필요한 어르신들의 목록을 얻을 수도 있었지요. 도움이 필요한 소비자들의 목록과 도움을 줄 요양 보호사들의 목록. 이 둘을 확보함으로써 플랫폼 사업의 뿌리를 확보할 수 있었습니다.

하지만 구청 하나와 계약했다고 모든 일이 잘 풀리는 것은 아니었어요. 정식 계약이 이루어지기 전까지는 사비로 모든 비용을 부담해야 하니 부담이 컸고, 구청 하나에서 끝낼 것이 아니라 전국으로 나아가기 위해서는 판로를 꾸준히 개척해야 했어요. 옆 구청이나 다른 시도, 그리고 어르신이나 보호자 개인에게도 꾸준히 홍보해야 하는 건 똑같았죠. 그 외에도 지원 사업이나 투자를 받기 위한 서류 준비, 요양 보호사님들을 교육할 교육 자료, 매칭의 효율성과 사업화하기 위한 체계성 확립 등 행정적으로 준비해야 할 게 정말 많았어요.

이런 것들은 지금도 계속해서 하는 고민이지요. 이렇게 한창 사업을 체계화하고 있을 때, 다음 지원 사업에 합격하게 되었습니다.

4. 청년창업사관학교에 입교하다(이하, '청창사')

청년창업사관학교에는 이전의 플랫폼 사업의 서비스를 확장하는 형식으로 지원하여 합격하게 되었어요. 이전에는 목록 형식으로 요양 보호사를 선택했다면, 이제는 원터치로 한 번에 서비스를 연결할 수 있게 하는 것이었죠. 실제로 시범 사업을 진행하는 동안 이런 방식이 필요하다는 것을 더 깊게 느끼게 되어서 꼭 성공해야 한다고 생각했습니다.

그동안 저희가 어르신들의 정확한 니즈를 파악하고 있지 못했어요. 저희는 어르신들에게 빨리 찾아가는 것이 니즈라고 생각했어요. 병원에 가시려고 서비스를 이용하려 하셨을 테니, 빠르게 원하는 바를 이뤄드리는 게 니즈라고 생각을 한 거죠.

하지만 실제로는 빨리 서비스를 받는 것보다도, 매칭이 빠르게 이루어지는 것을 원하셨어요. 매칭이 이루어져야 병원에 예약할 수 있으니까요. 그래서 일찍 도착하지 않더라도 '매칭이 이루어졌다'라는 약속을 하는 시간을 단축하기 위해, 기존에 있던 서비스 절차를 단축하는 것은 필수적이었죠.

기존에 서비스는 다음과 같은 단계로 진행했어요. (1) 어르신이 저희에게 전화 (2) 저희가 목록에 계신 요양 보호사분들에게 연락 (3) 괜찮다고 하신 요양 보호사분들의 정보를 어르신에게 전달 (4) 어르신의 선택 (5) 만남. 총 5단계로 이루어졌지요. 하지만 어플리케이션을 통해 플랫폼 형태로 나아간다면 (1) 어르신의 어플리케이션 클릭 (2) 주변 요양 보호사의 가능 여부 선택 (3) 만남이라는 단축된 절차를 갖게 되어요. 전화하며 소통해야 하는 시간이 줄어드는 것도 중요했고요.

변수 대응도 절차를 줄여야 하는 이유 중 하나였어요. 사람 대 사람이 만나는 것이다 보니 여러 변수가 많이 발생해요. 어르신께서 갑자기 올 필요 없다고 하시는 경우도 있고, 요양 보호사의 생각보다 어르신의 상태가 심각하여 서비스가 어려운 경우도 있어요. 그럴 때는 다른 요양 보호사를 다시 잡아드려야 하는데 절차가 길면 그만큼 대응하는 데에도 오래 걸리니까요.

4. 실질적 도움을 위한 발걸음

저희의 방향성은 '실질적인 도움'에 있어요. 그리고 이를 실현하기 위한 구체적인 체계를 하나하나 매뉴얼화했지요. 초기에는 저희가 케어하기 힘든 수준의 어르신이 가입을 부탁하실 때가 있었는데, 매정해 보이더라도 이런 분들은 저희가 거절했어요. 왜냐하면 저희가 실질적인 도움을 줄 수 없으니까요. 이를 매뉴얼화하기 위해 요양보험에서 사용하는 등급표를 통해 어르신들의 등급을 나누고, 저희 요양 보호사님들이 도움을 줄 수 있는 분들을 위주로 가입을 받았어요. 이렇게 하게 되면 저희도 어떤 요양 보호사님을 추가로 영입해야 하는지 더욱 쉽게 알 수 있게 되니 서비스를 보완하는 데에도 도움이 되었어요. 지금은 계속된 인재 영입으로 웬만한 어르신들은 케어할 수 있게 되었지요.

추가적인 교육도 꾸준히 하고 있어요. 요양 보호사님들은 어르신을 케어하는 것은 정말 잘하시지만 플랫폼이라는 것에는 아직 익숙하지 않은 경우가 많으세요. 그래서 플랫폼이란 무엇이고 어떻게 해야 하는지 같은 부분부터, 우울증이 있으신 어르신은 어떻게 케어해야 하는지와 같은 행동 지침도 함께 교육하고 있어요. 이 과정에서 특별한 사건이 발생하였을 때 어떻게 대응해야 하는지도 세밀하게 나누어져 있습니다. 가령 어르신이 갑작스레 호출을 취소하셨을 때, 요양 보호사님이

(1) 집에서 출발하기 이전일 때
(2) 출발한 이후일 때
(3) 도착한 이후일 때

처럼 여러 가지 상황으로 나누어 행동 지침을 만들었지요.

그리고 한편으로는 요양 보호사님들의 처우 개선에 대해서도 힘쓰려 노력해요. 아무래도 사람과 사람이 만나는 일이다 보니 품이 많이 들 수밖에 없는데, 요양 보호사님들 중에서는 최저시급도 못 받고 일하시는 분들도 많으셨어요. 대부분의 경우 국가에서 재원을 지급하는 시스템인데 예산은 한정되어 있는 데다, 국가로부터 예산을 지급받는 요양센터도 영세하다 보니 여러 부대비용 탓에 요양 보호사님들이 받는 임금은 훨씬 적어지죠. 대부분 봉사와 도움이라는 마음으로

하고 계시지만 이 일에 지치지 않고 지속 가능하려면 정당한 대가를 받으셔야 해요. 그래서 플랫폼에 등록되어 계신 요양보호사님들의 일을 시간으로 계산하고, 최저시급보다 높은 금액을 책정해 드리고 있어요. 휴일 추가 수당도 물론 지급하고요.

5. 당신이 창업가에게 전하고 싶은 말은 무엇인가요?

저는 자신이 왜 사업을 하는지 꼭 생각을 해보셨으면 좋겠어요. 그저 좋아서, 혹은 잘될 것 같아서가 아니라 어떤 신념을 가지고 하는지, 내가 왜 이것을 해야 하는지를 공고히 하신다면 나아가는 길에 빛이 있을 것이라고 말씀드리고 싶습니다. 감사합니다.

황진하X코메터

대학생이지만 로켓 쏠래요

코메터

0. 아이템 소개
친환경 추진체를 적용한 우주 비행체용 추진기관

맹독성 로켓 추진제로 인한 환경오염과 정화 비용을 절감하기 위한 친환경 추진체 개발.

1. 천문학자를 꿈꾸던 아이, 로켓 추진체를 개발하다

제 꿈은 천문학자였습니다. 중학생 시절 전문 분야 동아리가 있었는데, 그곳에서 우주에 관한 지식을 접하며 관심이 생겼어요. 꿈도 천문학자였고요. 그런데 아무래도 문제가 좀 있었어요. 우선 컸던 것은 먹고 사는 거. 천문학자가 취직할 창구가 너무 없었죠. 그렇다고 학계로 가기에는 똑똑한 사람들이 너무 많더라고요. 노력으로 메울 수 없는, 아주 엄청난 격차가 있더라고요.

천문학자의 꿈은 접었지만 우주에 관한 꿈을 완전히 외면하고 싶지는 않았어요. 그래서 일자리 문제를 어느 정도 해결할 수 있는 우주 물품을 만들어보자는 생각에 항공 우주학과에 진학하였습니다. 하지만 막상 진학한 후에 과 내 로켓 동아리에 들어가며 조금씩 마음이 기울기 시작했어요. 로켓을 쏴 볼 수 있지 않을까? 일론 머스크가 기업의 우주 진출을 일반화시키고 있다는데, 그럼 나도 할 수 있지 않을까? 하는 생각이 들었죠.

막연한 기대를 품고 동아리 활동을 하고 있을 때, 한 스타트업에서 연락이 왔어요. 한 번 제대로 연구를 해보지 않겠냐는 거였죠. 저도 처음에는 그 말을 기쁘게 받아들였지만 점차 아이템에 관한 의구심이 생겨났어요. 그곳은 친환경 소재를 이용한 위성 폐기 장치를 만드는 곳이었는데, 친환경을 적용한다면 폐기가 아니라 위성을 제어하는 기동장치에 쓰는 것이 더 좋다고 생각했거든요. 그 생각을 가진 채 다시 대학에 돌아오게 되었습니다.

스타트업 회사에서의 경험은 제가 창업을 도전하는 데 큰 영향을 주었습니다. 이전에는 우주와 관련된 부분은 굉장히 어려운 분야이고 자금도 많이 들기 때문에 대학 기관에 들어가 연구하며 대학의 자원을 활용하는 것이 좋다고 생각했어요. 그래서 대학원 진학도 생각하고 있었고요. 하지만 스타트업에서 근무하며 대학원과 회사를 비교해 보니 추구하는 방향이 다르다는 것을 명확히 알 수 있었습니다. 연구원이나 대학원생 같은 경우 어떤 물건의 작동 원리를 밝혀내는 것이라면, 스타트업은 이미 어느 정도 연구가 진행된 것을 바탕으로 제품을 만들고 실제로 사용하는 데 초점이 맞춰 있지요. 만약 연구소였다면 한두 번 만에 프로젝트를 성공시키려 굉장히 많은 시간과 검증 절차를 거쳤을 일을, 일론 머스크는 계속 로켓을 쏘아 올려 실전 경험을 통해 단기간에 성공시킨 것처럼요.

저는 연구를 통해 새로운 사실을 밝혀내는 것도 좋지만, 실제로 사용할 수 있는 물건을 만들어 보고 싶었어요. 그렇게 팀원을 모아 동아리로 시작한 것이 〈코메터〉에요.

2. 테크노파크 청년기술인재 지원 사업과 청년창업사관학교(이하, '기술이전' '청창사')

친환경 로켓 추진체가 사업 아이템이 될 수 있겠다고 생각한 이유는 비용 때문이에요. 다른 사업에서는 친환경이라는 말이 들어가는 순간 단가가 높아지는데, 로켓 분야에서는 반대거든요. 로켓을 쏘아 올릴 때 발생하는 막대한 환경 오염과, 그것을 정화하기 위한 비용이 워낙 많이 들어가다 보니 차라리 한 번 쏠 때 친환경적으로 발사하는 것이 훨씬 쌉니다. 민간 기업에서 로켓을 발사할 때는 한두 개가 아니라 여러 개를 발사해야 하다 보니 가성비 좋은 친환경 로켓 추진체가 떠오르게 된 거죠.

하지만 로켓이라는 분야가 워낙 종합적인 학문이다 보니 공부해야 할 것이 너무 많습니다. 소재, 화학, 구조…. 분야마다 팀원을 두면 도움이 되겠지만 대학생 동아리 수준에서는 솔직히 힘들죠. 그나마 저희는 추진체와 구조, 연료체에 관심이 있는 학생들이 한 명씩은 있지만… 그래도 모르는 분야가 너무 많아요. 그런 곳이 생길 때마다 새로 습득하면서 해 나가는 중입니다.

처음 지원 사업을 받은 것은 기술이전이었어요. 각 대학교에서, 산학 협력단이 가지고 있는 유망 기술을 청년들에게 교육하고, 교육 우수자에게 특히 기술 이전을 통해 창업을 도와주는 것이죠. 이때 열심히 교육을 받아 우주비행용 추진기 특허를 이전받았어요. 기술 이전을 받기 위해서는 개인 대상이 아니라 기업 대상으로만 가능하다 보니 사업자도 등록했고요. 사업자 등록을 하면 예비창업패키지를 받지 못한다는 난점이 있지만, 기술이전 지원 사업을 통해서만도

4500만원을 받았기에 아쉽지는 않았어요. 어차피 사업자 등록은 해야 하는 일이었으니까요.

현재는 졸업 유예를 하고 학교 창업 동아리로 활동하고 있어요. 그럼 창업에 관한 정보를 많이 얻을 수도 있고, 학생에게 주는 많은 혜택도 받을 수 있어요. 동아리실이나 지원금 같은 것들이요. 일찍 창업한 것은 잘한 선택 같아요. 정부 창업 지원 외에 교내 창업 지원을 받을 수 있는 것도 많고, 대학생이라고 하면 열심히 하는 것이 기특하다고 좋게 봐주시는 분들도 많거든요. 교수님들, 대학원생분들의 조언도 훨씬 쉽게 들을 수 있고요.

무엇보다 설령 잘 되지 않더라도 젊은 나이로 다시 도전할 수 있다는 사실이 마음에 여유를 주는 것 같아요. 로켓이 실패해도 또다시 발사할 수 있는 것처럼요. 빚내서 하는 것이 아니라면 지원 사업을 통해서라면 도전해 봐도 좋을 것 같아요.

3. 사업의 진행 상황

현재는 프로토타입 연소 기관을 만들어 보고 있어요. 친환경 소재라는 것도 중요하지만 추진기를 만들어야 의미가 있는 거니까요. 이전에는 고체 추진기관이라고 부르는, 연구용 로켓에 쓰이는 작은 고체 추진기를 개발했습니다. 이번주에 진행하려는 실험은 프로토타입 연소 시험이에요. 아직 시제품은 아니지만 조금씩 프로토타입을 만드는 중입니다. 아무래도 지구에서 쓰는 물건이 아니다 보니, 먼저 프로토타입을 만들더라도 우주에서도 작동이 되는지 증명을 해야 해서, 추가적인 절차를 더 거쳐야 해요. 프로토타입을 만들더라도 시제품이라고 말하기에는 무리가 있죠.

우주 산업의 미래는 밝습니다. 하지만 이 말은 60년 전에도, 40년 전에도, 20년 전에도 계속 똑같이 나온 말이에요. 늘 창창할 것이라는 말은 나오는데 실제로 그 미래가 언제 올지는 아직 알 수 없습니다. 이는 대부분 돈 문제라기 보다는 기술력의 문제에요. 설비가 1년에 100대만 쏠 수 있다면 돈이 열 배가 있어도 결국 100개만 쏘는 거고, 그렇다면 저희 추진체도 100개까지만 팔리겠죠. 사업성과 기술성이 연결되어 있어 그 간극을 잘 파악하는 것도 중요합니다.

지금 세계적으로 친환경 추진체는 없어서 못 팔 정도로 인기가 많아요. 그런 만큼 잘 버티면서 개발을 해 나가면 되는데, 과연 저희가 개발할 때까지 시장이 그대로 있을지, 혹은 새로운 기술을 가진 무언가가 나올지, 여러 방면으로 변수가 많습니다. 그래도 결국 자리를 잡을 때까지 비용만 버틸 수 있다면 적어도 저희 사업의 미래는 밝을 거예요.

그래도 전반적으로 사업은 즐겁습니다. 학과 동문과 함께 하고 싶은 것을 하는 일이니까요. 다들 취미 생활의 연장이라고 해도 될 만큼 즐겁게 하고 있습니다. 아마 저희가 버틸 수 있는 이유는 이것 때문이지 않을까 싶어요. 시험 기간에는 일주일에 몇 날 며칠 밤을 새고 그러는데, 이건 시험공부와는 달리 재미있으니까, 즐거우니까 하는 것 같습니다.

박성주X에코파우더

대학원생에서 연구소장
이제는 국내 최초 신소재 개발 기업

에코
파우더

0. 아이템 소개

반도체 장비용 3nm 입자 가스필터링 금속 flake 분말소재

해외 수입 의존 고부가가치 신소재, 국산화 성공!

1. **떡잎부터 연구 꿈나무**

초등학교 4학년 때부터 과학자가 되고 싶다는 꿈을 키웠습니다. TV에 나오는 연구원들의 모습이 멋있어 보였거든요. 그래서 이과를 선택했고, 과학 탐구 영역을 전공했어요.

대학에 진학한 후에는 주변 선배님이나 교수님들이 연구하시는 걸 보며 연구원이 되겠다는 꿈을 키웠습니다. 그냥 그렇게 쭉, 자연스럽게 했습니다.

자연스럽다고 해서 열심히 하지 않은 것은 아닙니다. 대학을 선택할 때도 관심이 있던 신소재 분야의 유명하신 교수님을 찾아보고 입학을 결정할 정도로 신중했고, 대학에 들어간 이후부터는 학업은 물론 제가 하고 싶은 연구도 스스로 찾아 진행했습니다. 이따금 번아웃이 올 때도 있었지만, 그럴 때마다 정신 차려야 한다며 스스로를 다독이고 계속해서 공부했지요. 대학원에 가는 것은 당연하다고 생각할 만큼 열정이 있었습니다.

석사에 들어가면서부터 본격적으로 연구라는 것을 해 보았습니다. 그리고 아주 힘든 대학원 생활이 시작되었죠. 그때는 일요일 아침에 조조영화 한 편을 보면서 쉬는 것이 삶의 유일한 낙이었습니다. 그렇게 매일매일 실험실에 출근하다 보니 문득 그런 생각이 들었습니다. '내가 학문으로 성공할지는 모르겠지만, 내 전공 분야만 잡고 있음 굶어 죽진 않겠다…' 그런 자신감이 생겼습니다.

석사를 마치고 나선 곧바로 취업을 생각했습니다. 졸업 직전부터 중견기업 또는 대기업에 들어갈 준비를 하고 있었는데, 일련의 사정으로 준비기간이 조금 길어지게 되었습니다. 취업 사이트를 통해 연구 관련 업무를 이리 저리 물색하던 시기, 한 중소기업과 연이 닿게 되었습니다. 규모가 너무 작아 거절했음에도 연락이 지속되어, 회사를 직접 방문해 둘러보기로 했습니다.

회사를 둘러보며 하나하나 점검해 보았습니다. 공장을 실제로 가동할 수 있는지가 가장 중요했고, 그 이후에는 회사에서 이야기했던 것들이 사실인지를 체크했습니다. 국내 유일하게 만드는 분말이 있다고 했는데 그게 사실인지, 그리고 사실이라면 어느 정도의 입지가 있는지도 다시 조사를 해 보았습니다. 그리고 가슴에 깊은 각오를 품은 채, 최종적으로 입사를 결정하였습니다.

대학원 생활의 경험이 있어서 직장 생활은 전혀 어렵지 않았습니다.

2. 연구소장으로 지냈던 나날들

제가 입사를 결정했던 가장 큰 이유는 제가 빠른 시일 내에 연구소장으로 진급할 수 있을 것이라는 계산이 있었기 때문이었습니다. 제가 들어가기로 한 연구소는 기존 인력이 모두 퇴사를 앞둔 상황이었습니다. 연구소장이 된다면 연구소 운영에 자율권이 생기니 제 역량을 마음껏 펼칠 수 있으리라 기대했습니다. 이를 바탕으로 임금 협상에서도 유리한 위치를 점할 수 있었는데, 저는 저의 능력을 믿고 월급보다는 실적에 대한 인센티브 위주로 계약을 맺었습니다.

1년의 주임 생활 이후 연구소장으로 활동하기 시작했을 때 한 문의가 들어왔습니다. 어떠한 종류의 판상형 분말을 만들 수 있냐는 것이었는데, 저도 처음 보는 소재였던지라 흥미가 돋았습니다. 분말에 대한 정보를 알아보니 국내에서는 생산하고 있지 않는 소재였습니다만, 왠지 만들 수 있을 것 같다는 생각이 들었습니다. 그렇게 문의자와 미팅을 진행한 후, 제조에 도전하게 되었죠.

단순 흥미만으로 도전한 것은 아니었습니다. 의뢰가 들어왔던 판상형 분말은 부가가치가 매우 높아 회사에도 큰 이익을 가져다줄 것이라는 기대가 있었거든요. 그렇게 논문을 뒤지고, 제조를 할 수 있을 만한 유사 장비가 있는 곳을 찾아 몇 달 만에 테스트를 해볼 수 있었습니다. 당시에는 제가 대표도 아닌 데다 거의 독자적으로 연구를 하다 보니 많은 제한이 있었지만, 그래도 생각보다 꽤 괜찮은 수준의 분말을 만들어낼 수 있었습니다.

사실 운도 많이 따랐습니다. 소재 분야의 경우 만드는 행위 자체가 어렵다기보다는, 수요가 있다는 사실을 인지하지 못해 개발로 이어지지 않는 경우가 대부분입니다. 시장을 발견하는 것이 중요한 것이죠. 제가 개발한 분말 역시 이전까지 일본이나 미국 등에서 만들고 있는데, 우리나라라고 못 만들 것은 없었음에도 불구하고 시도한 사람이 없어 수입에 의존하고 있었습니다. 제가 아주 특출난 천재인 것이 아니라, 그저 이 기술의 시장성을 파악하고 연구에 뛰어든 것일 뿐입니다. 이후 추가적인 시장조사를 하며 제 생각은 점점 확신으로 바뀌었습니다.

하지만 당시 근무하던 회사는 저와 생각이 달랐습니다. 몇 달 동안 계속 설득해 보아도 적극적인 지원이나 사업화의 의지는 없었고, 이 의견 차이는 끝내 좁혀지지 않았습니다. 작은 기업이다 보니 새로운 도전을 하는 리스크가 큰 것도 사실이었습니다. 결국 저는 그 회사에서 사업화하는 것을 포기했습니다. 그즈음, 회사에서 일함에 있어 업무의 한계도 조금씩 체감하고 있었습니다. 그리고 퇴사를 결심하고 약 6개월간 고심 끝에 창업에 대해서 고민하였습니다.

대학원생 때의 경험과 회사에서 3년 6개월간 연구소를 운영하며 생긴 실무 경험으로 충분히 새 시작을 꿈꿀 수 있는 자신감이 생긴 것 같았습니다. 제가 새로 개발하고자 하는 아이템으로 창업하는 것이 법적으로 문제가 없는지 잘 정리한 후, 회사를 나와 사업을 시작했습니다.

3. 청년창업사관학교에 들어가다(이하, '청창사')

청창사에 지원한 것은 지원 사업이 익숙했기 때문이었습니다. 지인 중에도 청창사를 나온 사람이 있었고요. 그래서 그간 개발한 판상형 분말을 아이템으로 지원하게 되었습니다.

제가 청창사 측에 어필한 것은 두 가지였습니다. 하나는 시장조사가 확실하게 잘 되어있다는 것이었지요. 연구소에서 일하는 기간 동안 시장조사만큼은 철저히 했고, 어디에서 이 분말을 구매할지 수요처까지 알아 놓은 상태였습니다. 저는 지원 사업을 받지 않더라도 충분히 이 아이템으로 성공할 수 있다는 생각이 들 때까지 계속해서 조사했습니다. 제조업이라는 것이 생각만큼 잘 팔리지 않는다는 것을 익히 알고 있었기 때문입니다. 지속 가능성과 리스크 대비 수익성까지도 검토한 덕분에 청창사 측에서 좋게 보지 않았나 싶습니다.

두 번째는 국내 최초라는 점입니다. 일반적인 경우 이는 시장에서 선두 주자로 나아간다는 어드밴티지를 갖지만, 저희가 개발한 신소재의 경우에는 조금 더 특수합니다. 현재 이 분말은 소재와 부품, 장비를 전부 외국에 의존하고 있습니다. 이는 경제적인 이유 외에 안보적인 차원에서도 달가운 일이 아닙니다. 국내 기술이 튼튼하지 않다면 해외 동향에 따라 해당 사업이 크게 악영향을 받기 때문입니다. 즉, 해외에 의존하고 있는 기술을 국산화한다는 측면에서 이 아이템의 사업화에 대한 당위성이 있었습니다.

이와 같은 목적을 가진 사업이 R&D이기에, 저희는 청창사와 동시에 정부 지원 R&D 사업을 함께 준비하고 있습니다. 지원 금액 역시 일반적인 지원 사업보다 높은 편이라 사업화하고자 하는 아이템에 대해서 기술적, 경제적, 환경적 검토가 충분히 되어 있다면 지원을 받아 사업화하는 것이 효율적입니다. 특히 저는 제조업을 운영하는 만큼 사업 초기비용이 많이 필요해서 투자 및 지원 사업을 최대한 받으려 하고 있습니다.

4. 연구, 공장, 그리고 인력

현재 저희는 인천, 광주에 사무실과 연구소, 공장을 두고 있습니다. 여러 지역에 사무실을 두었을 때 지역별 특화사업 등의 혜택를 받을 수 있어 좋을 가능성 정도는 있으나, 거점 간 거리가 있어 초기 운영에는 힘든 점이 정말로 많습니다. 그렇기 때문에 자신의 사업 전략에 따라 주요 거점 위치를 선택하는 것이 필요합니다. 저희 같은 경우 본사는 광주인데, 제조업 등록을 하기 위해서는 생산 공장이 있어야 했습니다. 마침 감사하게도, 아는 대표님께서 공장을 무상으로 대여해주신다고 하여 임대를 받게 되었습니다.

현재 관심을 기울이고 있는 사업화 분야는 고부가가치 소재의 국산화입니다. 우리나라에서 사용되는 고부가가치 소재 중 일부 소재에 대해서는 개발 및 제조 공정 확인은 성공했으나 여전히 해외에서 수입해오고 있는 경우가 많습니다. 이는 품질 유지의 문제와 가격 경쟁력의 문제 때문으로, 즉 품질 유지 및 양산 측면에서 개발의 여지가 남아 있습니다.

개발에 임할 때 반드시 선행되어야 하는 것은 가격 경쟁력이 있는지와 수익성입니다. 많은 연구가 필요나 수요에 의해 시작되지만 대부분 사업화가 되지 않는 이유는 가격 경쟁력이 없기 때문인 경우가 대부분이기 때문입니다. 해외 선진사 대비 어떻게 가격 경쟁력을 확보할 것인지, 수익성은 어느 정도 나올 것인지, 그리고 수요기업의 의지가 어느 정도인지를 확실한 레퍼런스를 통해 철저하게 검증하고 개발이 수행되어야 합니다.

5. 사업에서 중요한 것은 철저한 수익성 검토와 사업 이해도

가장 중요한 것은 해당 사업 분야에 관한 전문적인 지식과 철저한 원가 계산 방법입니다. 특히 신규 아이템의 사업화 과정에서는 그 분야에서의 이해도가 판가름을 냅니다. 특정 키워드나 아이디어를 들었을 때 이를 통해 수익을 창출할 수 있을 만한 새로운 사업이나 아이템을 떠올릴 수 있어야 하죠. 하나의 분야에만 매달려서도 안 됩니다. 이를 위해서는 다양한 분야에 대한 끝없는 탐구와 이해력을 높여야 하며 사회 문제나 경제적 이슈, 법률적인 이슈 등 다방면에 대해서 견문을 넓혀야 합니다. 제 경험상 제일 좋은 방법은 한 분야에 대해 어느 정도 전문적인 스펙을 쌓은 후 이를 확장하여 응용 분야에 대한 이해로 확장하는 것이 좋은 방법으로 생각됩니다.

최근 사회는 기술력 향상 속도가 무척이나 빠릅니다. 기술력 향상이 빠르다는 말은 해당 기술력이 사용되는 산업의 구조가 빠르게 변한다는 의미이고 이는 기존 기술 대비 뛰어난 소재, 부품, 장비의 수요가 급격히 증가하거나 사라질 수 있다는 의미입니다. 하던 일만 해서 돈을 벌 수 있는 시대는 이제 사라지고 있습니다. 현대 사회는 독자적인 기술력과 창의적인 아이디어가 필요한 시대가 되었습니다.

사업을 지속하기 위해서는 새로운 아이템을 꾸준히 개발해야 한다는 것을 명심하시고, 이를 위해 자신의 역량을 키워 나가시길 추천 드립니다.

서미리X엠블미디어

경력 단절 여성들과 상생하는
라이브 커머스 플랫폼

엠블
미디어

0. 아이템 소개

삶의 식탁

소상공인 맞춤형 라이브 커머스를 통한 자체 브랜딩 솔루션.

1. 경력 단절 여성, 창업하다.

원래는 창업에 전혀 관심이 없었어요. 유치원과 관련된 일에 관심이 많아 대학도 유아교육과에 갔고, 나중에는 석박

사도 따서 교육과학기술부에 들어가고 싶었어요. 유치원 평가나 인증을 맡는 일을 하는 것이 제 꿈이었답니다. 하지만 모든 게 생각대로 되지는 않더라고요. 일단 직장을 유치원으로 잡았는데, 9년 정도 근무하다 보니 점차 직장에 남아있기가 힘들어졌어요. 어린이집이나 유치원은 경력 있고 월급이 센 사람보다 1~2년 정도의 경력을 가진 사람을 선호하니까요. 그때 결혼을 하고 출산을 하면서 자연스레 경력 단절 여성이 되어버렸습니다.

그때가 하필 또 코로나 시기였어요. 행사 전문 MC인 남편의 일거리가 갑작스레 줄어들어 집안 사정이 안 좋아 지는 것은 당연했죠. 그때 남편이 먼저 쇼호스트 일을 해보는 것이 어떠냐고 권해주었어요. 처음에는 잘 모르는 세계였지만 하나하나 찾아보고, 여성 쇼호스트분들을 알아가며 점차 매력을 느끼게 되었습니다. 저는 남편의 제안을 흔쾌히 승낙했어요.

쇼호스트 일을 하다 보면 소상공인분들을 자주 만나게 돼요. 그런데 라이브 커머스는 물론이고 인스타 홍보에 관해서도 잘 모르시는 경우가 많았어요. 관련한 지원 사업도 많은데 접근 자체를 어려워하시더라고요. 그래서 그런 분들을 위한 맞춤형 이동식 라이브 커머스를 하면 어떨까 생각하게 되었어요.

그렇게 창업에 대한 생각이 조금씩 생겼지만, 처음에는

두려운 감정이 컸어요. 이전에는 한 번도 생각해 보지 못했던 길이니까요. 창업에 관한 지식도 없었고, 지원 사업도 존재는 알았지만 어떻게 준비해야 할지도 잘 몰랐어요. 소상공인분들과 미팅을 하다 보면 그분들의 고충도 함께 듣게 되는데, 그럴 때면 제 고민도 깊어 졌어요. 내가 사업을 한다면, 나는 흔들리지 않고 잘할 수 있을까? 내가 대표라는 자리를 잘 수행할 수 있을까?

이걸 이겨낼 수 있던 것은 주변에 좋은 사람들 덕분이에요. 늘 옆에 있어 주었던 남편이고, 함께 일 해준 동생도 큰 도움이 되었어요. 특히 동생은 기획이나 마케팅 쪽으로도 뛰어나 지금 직원으로서 함께 사업을 해 나가고 있는 고마운 존재죠. 두 사람이 있었기 때문에 용기 내서 창업을 시작할 수 있었어요.

2. 소상공인과 상생하는 라이브 커머스

라이브 커머스라고 하면 온라인을 통해 일정 시간 동안 물건을 파는 것을 말해요. 보통 1시간 정도 진행하는데, 능력 있는 쇼호스트는 그 시간 동안 3억의 매출을 내기도 합니다. 저도 소상공인의 농작물만 100가지 정도 했는데, 꽤 큰 매출을 낸 적도 있어요. 그래서 쇼호스트로서의 실력에는 어느 정도 자신이 있죠.

홈쇼핑과 다른 점은 TV가 아닌 모바일과 피시로 어디에서든 볼 수 있으면서, 동시에 그 쇼호스트만의 스토리와 스토어가 있다는 점이에요. 쇼호스트는 의뢰가 들어오는 물건을 단순히 내보내는 것이 아니라, 자신의 철학에 맞는 제품을 선택하고, 그것들을 모아놓은 스토어를 차릴 수 있어요. 그래서 쇼호스트에 따라 특성이 갈리기도 하고, 또 특정 팬층이 생기기도 해요. 이 쇼호스트가 선택한 제품이라면 믿을 수 있다는 거죠. 또, 세트장 안에서 진행하는 홈쇼핑과는 다르게 직접 현장으로 가 라이브를 진행할 수 있다는 것도 큰 장점이죠.

  그중에서도 제가 가진 강점은 직접 체험하고 분석한다는 거예요. 어찌 보면 당연한것이기도 한데, 많은 쇼호스트들이 충분히 제품을 사용해 보지 않은 채 라이브에 들어가곤 해요. 의뢰인과의 미팅에서 들은 내용만을 가지고 라이브를 진행하거나, 한두 번 사용해 보고 정해진 내용을 읊는다던가…. 하지만 저는 늘 물건을 써봅니다. 책이라면 읽어보고 식품은 먹어보고, 알러지가 생길 수 있는 음식이나 화장품은 직접 실험은 물론 조사도 따로 해요. 이런 세밀한 분석 덕분에 저도 꾸준히 봐주시는 분들이 생겼어요. 저의 차별점은 리뷰에 묻어나는 진정성이라고 할 수 있지요.

3. 청년창업사관학교에 들어가다(이하, '청창사')

지원한 아이템은 소상공인을 위한 라이브 커머스 브랜딩, 〈삶의 식탁〉입니다. 플랫폼 사이트를 만들어 소상공인분들의 제품을 라이브 방송을 통해 판매하는 거예요. 그리고 일정 수수료를 통해 수익을 창출합니다. 심플한 기획인 만큼 저희의 브랜딩, 진정성이 아주 중요하죠. 판매할 아이템을 선정할 때도 아무 아이템이나 선정하는 것이 아니라, 저희의 색깔에 맞는 아이템들을 신중하게 선정할 예정이에요. '〈삶의 식탁〉에서 한 제품이라면 믿을 수 있지!'라는 생각이 들 수 있도록요. 그것을 위해 우리 아이가 먹을 식탁에 당당히 올려놓을 수 있는 깨끗한 음식을 중심으로 런칭할 거예요. 국내산이면서, 무첨가제 식품이고, 건강에 좋은 상품들로요. 개인적으로는 경력 단절 여성이었던 시기가 있던 만큼, 여성 CEO님이나 경력 단절 여성 CEO인 분들을 많이 도와드리고 싶어요.

저희가 당당할 수 있는 업체를 선정하는 만큼, 세트장에서 진행하는 것 외에도 직접 제작 현장으로 찾아가기도 할 예정입니다. 과정이 깨끗하다면 소비자분들에게도 신뢰도를 드릴 수 있으니까요. 현재 서른 군데 정도를 리스트업 한 상태라, 앞으로 차차 찾아뵈어 나갈 것 같아요.

하지만 아직은 어려움이 많아요. 오선 라이브 커머스라는 이름 자체가 아직 많은 사람들에게 생소하다는 것부터가 어렵죠. 미팅 때면 늘 저희가 어떤 사업을 하는 곳인지 설명부터 시작해야 하는데, 이해하기 어려울뿐더러 저희가 작은 기업이다 보니 못 미더워 하시는 분들도 많으세요. 맨땅에 헤딩했다면 정말로 어려웠겠지만, 주변 지인들의 도움으로 조금씩 소개를 받고, 전문가들의 조언도 받으면서 조금씩 나아가고 있어요. 남편도 자주 도와주고요.

나중에는 소상공인분들도, 소비자분들도 저희를 믿어 주실 수 있도록 쭉 좋은 모습을 보여드리고 싶습니다.

4. 기업과 사회적 역할

저는 경력 단절 여성에 관한 문제의식이 있어요. 경기가 어려울 때 사람들이 얼마나 힘들어했는지도 가까이에서 봤고요. 저는 그런 분들을 도와드리고 싶어 직접 찾아가는 라이브 커머스를 창업 아이템으로 삼기도 했죠. 그럴 때일수록 좋은 아이템을 가진 소상공인분들을 소비자들에게 많이 소개해 드리고 싶어요.

기업 철학과 방향성이 상생과 경력 재생에 있는 만큼 사회적 기업 역시 고려하고 있지만, 사회적 기업이 되기 위해 업체를 운영하는 것은 앞뒤가 바뀐 이야기 같아요. 현재는 당장, 저희의 방향성에 맞춰 차근차근 사업을 해 나아가는 것을 목표로 하고 있습니다. 제가 직접 사회적 기업이 될 수도 있겠지만, 사회적 기업들과 함께 할 수 있는 것도 충분히 가치 있는 일이니까요.

    그리고 그 과정은 반드시 소비자들과 함께 가야 할 거예요. 좋은 상품을 바라는 소비자에게 좋은 상품을 소개해 주기. 그것을 통해 소비자도 소상공인도 다 함께 힘든 시기를 이겨 나갈 수 있으면 좋겠습니다.

채일원X밀리하우스

인생을 바꿔 주었던 운동

밀리 하우스

0. 아이템 소개

핏밀리

핵개인화에 따른 개인 운동 공간 및 관리를 위한 비대면 피트니스 플랫폼.

1. 인생을 바꿔주었던 운동, 사람들에게 전파하기 위한 노력

저는 운동으로 인생이 바뀌었습니다. 본래 55킬로그램이라는 왜소한 체격이었지만 군대에서 처음 운동을 접한 이후 15킬로그램 증량에 성공하게 되었죠. 그 과정에서 마인드 셋이 보다 긍정적인 방향으로 변화하게 되었습니다. 운동을 하게 된다면 직접 눈으로 보이는 몸의 변화와 자신이 이루어냈다는 성취감, 향상된 체력에서 오는 여유, 그리고 세로토닌 분비로 인한 행복감 등 많은 부분에서 사람의 마음을 편안하게 해 줍니다. 저의 경우 군대에서 시작한 만큼 '불가능은 없다'라는 류의 구호를 매일 들었고, 군 생활과 운동을 병행하며 매일 한계를 체감하였습니다. 하지만 그것을 버티고 이겨낼 때마다, 나는 다음에 시련이 오더라도 이길 수 있다는 낙관적인 사고를 할 수 있게 되었죠. 운동은 자신의 몸과 따로 떨어진 곳이 아닌 자신(몸) 그 자체가 변화시키는 것이라 가장 직관적으로 변화할 수 있는 토대입니다.

평범한 컴퓨터공학과 학생이던 저는 군대를 다녀온 이후로 보다 많은 사람에게 이 방법을 알려주고 싶었습니다. 저와 비슷한 체형인 사람들, 나와 가까운 사람들, 나아가 긍정적인 삶을 바라는 사람 중 운동이 그 해답이 될 수 있는 분도 분명히 계실 것이니까요. 마침 운동에 대한 니즈가 조금씩 올라왔던 터라 저는 희망에 부풀었습니다. 그렇게 저는 컴퓨터 공학 전공이 아닌 트레이너로 사회생활을 시작하였습니다.

그때 당시에는 트레이너에 대해 좋지 않은 인식이 있었습니다. PT 한 번에 명문대생 과외비보다 돈을 많이 가져간다던가, 적당히 몸 좋은 사람이나 타고난 허우대가 좋은 초보를 적당히 데려다 숫자만 세게 하는 거라던가. 저는 제가 선택한 길이니만큼 그런 편견을 이겨내야 한다고 생각했습니다. 그런 인식조차 이겨내지 못한다면, 어떻게 많은 사람들에게 운동을 전파하고자 하는 저의 의지를 전할 수 있겠습니까. 그렇게 일하기 시작한 직후 1년 동안 트레이너에게 필요한 자격증을 4개가량 취득하고 대회에도 출전하며 트레이너와 선수, 문무 양면으로 사람들에게 신뢰를 주려 노력하였습니다.

하지만 트레이너로 일하다 보니 자연스레 이 산업의 문제가 보이기 시작했습니다. 우선 긴 기간을 한 번에 결제하는 경우가 많아 뒤늦게 불공정한 서비스를 받더라도 고쳐지기가 어려웠고, 피티 영업 역시 과다했으며, 실제로 부당한 대우를 받거나 부당한 행위를 하는 트레이너 역시 있었습니다. 그런 문제의식이 생기던 중 코로나가 터졌고, 일자리가 사라지면서 앞날에 대해 진지하게 생각해 보는 시간을 갖게 되었습니다. 이 산업은 어떤 길로 가게 될까? 이렇게 외부적인 요인으로 가게 한둘이 아니라 산업 전체가 풍비박산이 날 정도로 큰 타격을 받는데, 과연 피트니스 산업은 지속 가능한 사업일까? 그때부터 저는 단순한 트레이너로 머물러서는 한계가 명확하다는 생각을 갖게 되었습니다. 이 산업 전체를 바꿀 수 있어야 더 많은 사람들에게, 더 안정적으로 운동을 전할 수 있을 것이라는 생각을 하게 된 것입니다.

다행히 실업의 기간은 길지 않았습니다. 대형 피트니스 센터에 점장으로 들어가게 된 것이었죠. 이전과는 다른 위치에서 센터를 보며 문제의식에 대해 더 깊이 생각했습니다. 이 산업을 바꾸기 위해서는 어떤 변화를 줘야 할까? 지금까지의 경험으로 보아 헬스 산업은 물론 대부분의 상황이 소형화, 개인화될 것임은 명증하였습니다. 그렇다면 이에 맞춘 헬스 서비스를 만들 수는 없을까? 모든 사람에게 홈짐을 만들어 줄 수는 없을까? 그렇게 질문을 꼬리에 꼬리를 물었습니다.

그 과정 속 조그마한 변화라도 어딘가에서는 움직임이 시작되어야 한다고 느끼게 됐죠. 그래서 과감히 퇴사를 결심하게 되었고, 스포츠 산업이 나아가야 할 방향성을 알게 되었습니다. 그렇게 저의 경험과 시장 흐름에 따라 핵 개인화에 따른 개인 운동 공간 및 관리를 위한 비대면 피트니스 플랫폼, 〈핏밀리〉를 기획하게 되었습니다.

2. 핏밀리, 성장하다

제가 사업을 결심할 때만 하더라도 지원 사업이 지금과는 프로세스가 많이 달랐습니다. 덕분에 신사업창업사관학교,

예비창업패키지, 신용보증기금 리틀 펭귄(보증), 청년창업사관학교 등 많은 지원 사업을 받을 수 있었지요. 하지만 지원 사업을 받을 때 중요한 것은 전략이나 전술이 아니라 자신의 아이템에 관한 진정성이라고 생각합니다. 그래서 저는 늘 '진정으로 고객을 위하는 서비스'에 대해 깊이 고찰하며 시작하였습니다.

핏밀리는 5~15평가량의 운동 공간을 원하는 날짜와 시간에 대여해 주는 것입니다. 혼자 할 수도 있고, 친구를 불러 함께 운동할 수도 있지요. 안에는 올인원 랙 뿐 아니라 다용도로 활용할 수 있는 운동 기구를 비치하고, 헬스뿐 아니라 요가, 필라테스, 댄스 등 다양한 활동을 할 수 있도록 공간을 조성하였습니다. 이곳에서 트레이너가 수업을 진행할 수도 있고, 운동 초보자들이 쉽게 운동할 수 있는 콘텐츠를 제공해 주며, 그 누구의 시선을 받지 않고 프라이빗하게 이용할 수 있습니다. 즉, 소비자가 원하는 모든 운동을 할 수 있어, 저는 이곳을 단순 헬스 공간이 아닌 스포츠 복합 문화 공간이라고 부르고 있습니다.

현재 이미 매장을 여러 곳에서 운영하고 있습니다. 지금 청년창업사관학교에 들어오며 진행하고 있는 것은 이 매장들을 플랫폼화하고 앱을 통해 다양한 서비스를 드리고 있습니다. 고객 요구 사항에 따라 개발을 한창 진행 중이며, 연말에는 원활하게 이용할 수 있을 거라고 보고 있습니다. 이를 구현할 때 가장 중요하게 생각한 것은 심플한 인터페이스였습니다. 저 개인적으로는 말하고 싶은 것이 많습니다. 직장인을 위한 운동이라던가 거북목을 벗어나는 운동, 간결하게 할 수 있는 운동 등 여러 컨텐츠를 개발하고 있고요. 하지만 이것을 앱에 많이 담기 보다는 단계적으로 담아야 한다는 걸 깨닫게 되었습니다. 때문에 고객이 앱을 사용할 때 혼동되지 않도록 앱의 인터페이스와 기술 및 디자인하는 것에 공을 굉장히 많이 들였습니다.

또한, 저희가 어필할 수 있던 큰 작용점 중 하나는 이미 운영되고 있는 매장들이었다고 생각합니다. 대부분의 사람이 예비창업, 혹은 초기창업 수준에서 아이템이 현실화 되어있지 않은 경우가 많습니다. 저희도 아마 운영 중인 매장이 없는 상태에서 '헬스장 예약과 콘텐츠를 주는 플랫폼'이라고 내세웠다간 싸늘한 시선을 피하기 어려웠을 것입니다. 그러나 이미 운영 중인 매장이 있고 이를 연결시켜준다면 현실성이 확 체감될 수 있지요. 매장은 당장 눈에 보이고 손에 잡히며, 사진을 통해 사람들이 이용하는 모습을 보여줄 수 있으니까요.

이에 더해 요즘 중요한 가치인 '소통'에도 강점을 둘 수 있었습니다. 헬스장 관장님이라고 하면 어쩐지 말 붙이기 어렵다고 느끼는 경우가 많습니다. 일단 시각적으로도 강렬하고, 대부분 살갑게 맞아주는 트레이너들과 달리, 조금 다른 차원의 존재처럼 느껴지기도 하죠. 그러다 보니 관장에게 직접 요구하기가 어렵고, 관장 입장에서도 니즈를 직접 듣기 어려워집니다. 하지만 비대면이 되고 어플리케이션을 사용한다면 오히려 활발하게 건의 사항이나 애로사항을 남길 수 있습니다. 이를 통해 피트니스 활동을 하며 훨씬 높은 수준의 경험을 제공할 수 있으리라 기대하고 있지요.

3. 어려움을 이겨내며 사업을 이어 나갈 수 있는 원동력

현 스포츠 산업을 바꾸기 위해서는 소프트웨어 기술보다는 공간이 굉장히 중요합니다. 따라서 사업 초창기 때 공간 창업에 집중하였고, 고객에게 필요한 서비스란 무엇인지 즉각적인 피드백을 통해 지점을 여러 개 창업하였습니다.

하지만 이 과정 속 공간 창업은 굉장히 힘들고 어렵다는 걸 알게 되었는데요, 가장 큰 것은 고정비가 굉장히 많이 나간다는 점입니다. 월세는 물론이고 그것을 관리할 인력, 그리고 각 공간에 대한 인테리어나 유지 보수 역시 하나하나 해 나가야 하면서, 동시에 공간의 수 자체도 계속해서 확장해야 합니다. 지금 상황으로만 따져도 어플 유지비의 배로 들어가죠. 그래서 많은 창업가들이 공간 운영 사업을 꺼립니다.

이 막막함과 부담감은 여전히 현재 진행형입니다. 하지만 그럴 때마다 저는 한 글귀를 떠올립니다. '승리는 가장 끈기 있는 자에게 돌아간다.' 세상에 풀 수 없는 문제는 없습니다. 그저 푸는 데 오래 걸리는 문제가 있을 뿐입니다. 제가 지금 겪는 어려움과 고난은 저를 더 강하게 만들 것이고, 이것들이 쌓여 결국 뚫어낼 수 있다고 믿습니다. 지금 돌이켜 보면 제 사업 초기는 무척 편했던 것 같습니다. 할 일도 훨씬 적었고, 고려할 것도 적었으니까요. 하지만 동시에 저는 알고 있습니다. 그때도 힘들었다는 것을. 그렇다면 훗날, 지금 오늘을 돌이켜 본다면 이 역시 편한 날로 기억될 것입니다. 그날까지 저는 매일 끈기 있게, 열심히 버텨 나갔을 것이고 지금보다 훨씬 성장해 있을 것이니까요.

부정적인 생각은 최대한 미루려 합니다. 그렇다고 마냥 낙관적이기만 한 것은 아닙니다. 당장 자금이 필요한 데 조달하지 못해 위기에 처한 적도 있었고, 당연히 될 줄 알았던 계약이 불발되어 일이 크게 틀어진 적도 있었으며, 예상치 못한 일로 결과물이 지연되는 경우도 있었습니다. 이것 말고도 정말 많은 일이 있었습니다. 아무리 부정적인 생각을 하지 않으려 해도 당장 피부에 서늘한 칼날이 들이밀어지면 모를 수가 없지요. 그럼에도 불구하고 저는 저와 우리 팀을 믿기 때문에 가능한 것 같습니다.

사업을 하다 보면 무수히 많은 어려움을 마주하지만 지금까지 잘할 수 있었던 건 '팀워크'가 버팀목이 되어 주었기 때문이었던 것 같습니다. 핏밀리의 태동부터 현재까지 크고 작은 위기를 거치며, 팀원들 간의 단단한 결속력과 끈기가 어려움을 이겨나갈 수 있었던 원동력이 되었던 것 같습니다. 이는 현재에도 그리고 앞으로도 마찬가지일 것이라 단언합니다.

이 과정 속 리더에 대해 깊이 생각하게 되었습니다. 리더는 비전과 목표가 명확해야 하며, 이를 동료들에게 정확하게 제시하고 투명하게 공유해야 한다고 생각합니다. 두터운 신뢰와 투명성이 구축되어야만 고객에게 드릴 수 있는 서비스는 더욱 명확해질 수 있기 때문이지요. 그래서 팀원들과 함께 고객에게 특별한 경험을 주기 위해 끊임없이 노력하고 있습니다.

더불어 핏밀리를 이용해 주고 응원해 주시는 고객님들과 파트너 기업들과의 적극적인 소통을 바탕으로 구축된 핏밀리이기 때문에 저는 계속해서 이 사업을 이어 나갈 것입니다.

핏밀리 서비스를 만나는 많은 고객 중 누군가는 삶의 변화가 정말로 간절한 분들이 있을 것입니다. 정말로 간절하지만 남들 앞에 서기 어려워서, 누군가에게 보여진다는 것 자체가 두려워 시작하지 못하시는 분들도 분명 있을 것입니다. 그게 세상에 단 한 명이라도 상관없습니다. 고객은 그저 수십억 인구 중 한 명이 아니라, 누군가의 가족이자 팀원이고,

또 친구이기 때문입니다. 고객의 변화를 간절히 바라는 다른 사람들이 있을 것이기 때문입니다. 누군가가 자신의 삶에 빛을 찾을 수 있게 도와줄 수 있다면 좋겠습니다.

8년 내로 내 집 앞에 핏밀리 매장이 존재하여 핏밀리 서비스를 통해 누구도 남 눈치 보지 않고, 자신이 하고 싶은 운동을 편하게 하며, 삶의 변화를 만들어 낼 수 있는 날이 올 것으로 생각합니다.

그날을 위해 노력하겠습니다.

익명의 대학원생

대학원생이 알려주는 AI 창업

익명의
대학원생

1. 대학원 오지 마세요.

창업을 생각하신다면 대학원 오지 마세요. 할 만할 줄 알았는데 아닌 것 같아요. 일단 기본적으로 절대적인 시간이 부족합니다. 기간별 할당 논문을 쓰면서 사업까지 진행하기에는 너무 무리가 커요. 연구와 사업을 동시에 충족하는 삶을 살기 위해서는 그 시간만큼 잠을 줄여야 하는데, 건강을 버리면서까지 대학원에 와야 하는가 하는 의문이 듭니다.

더 큰 문제는, 교수님 중에 창업하는 것을 싫어하는 교수님들도 계십니다. 제가 익명으로 인터뷰를 진행하는 것 역시 교수님 귀에 들어갈까 봐 걱정이 되어서예요. 어떤 교수님은 창업을 하고 사회에 나가는 것을 긍정적으로 보시는 분도 계시지만, 연구에 방해가 되는 쓸데없는 일이라고 생각하시는 분도 계셔서….

그래도 제가 창업을 시작했던 건, 제가 좋아하는 분야로 일을 해보고 싶었기 때문이에요. 고등학생 때까지는 공부를 잘한다는 이야기도 많이 듣고 실제로 성적도 잘 나와 공부가 인생의 다 인 줄 알았습니다. 하지만 대학과 대학원을 거치며 세상을 보는 시야가 점차 넓어지다 보니, 사회에서 공부는 일부에 불과하더라고요. 제가 세상을 돌아보니 이제는 제가 해보지 않았던 행동을 해보고 싶어졌습니다. 더 높은 곳으로 가기 위한 여정이 아니라, 제가 이미 잘하는 분야, 좋아하는 분야를 살리고 싶다는 생각이 들었어요.

그렇다고 창업만 생각한 것은 아니었고, 공부나 연구, 창업, 취직 등 여러 방향으로 생각해 보았습니다. 하지만 그중에서 제가 당장 해볼 수 있는 것이 창업이라 한 번 진행해 보았습니다. 처음이다 보니 내가 맞는 길로 가고 있는 건지, 계획을 잘 세웠는데 흐트러지는 것은 아닐지 두려움도 있어요. 그래서 꼭 이게 아니면 안 된다는 생각보다 여러 가지를 해 나가며 저와 가장 잘 맞는 것을 해 나가려 합니다.

음, 그리고 사실 연구실 생활이 생각했던 것보다 안 맞았던 것도 있었어요. 대학원에서 공부하다 보니 누구 밑에서 일하는 것이 좀 안 맞는 것 같더라고요. 제가 주체적으로 뭔가 해 나가는 것이 저와 조금 더 맞을 것 같았습니다.

2. AI 대학원생, 창업의 어려움

저희 학교는 대학생 창업에 대한 교육 프로그램이 잘 되어 있어요. 교육은 물론 창업 지원도 많이 있었죠. 하지만 그것은 어디까지나 대학생에 한정된 이야기였어요. 연구에 집중하게 하기 위해서인지 대학원생에 대한 지원은 많이 적었죠. 직장인이 유튜브를 하면 싫어하듯 공부해야 할 사람이 돈 벌고 있으면 싫어하는 게 아닐까 싶습니다. 물론 교수님마다 크게 다른 것 같아요. 다른 교수님들 같은 경우에는 오히려 창업을 권장하고, 지원 사업은 아니더라도 R&D 사업부터 거래까지 적극적으로 관여하시는 분도 계시니까요.

많은 사람들이 AI를 직접 개발하기보다는 GPT를 활용하는 방향으로 아이템을 잡는데, 저는 AI를 이용한 버추얼 사업을 진행하고 있다 보니 다른 AI 창업 분야에 비해 품이 많이 들지요. 모델 자체를 직접 만들어야 하다 보니 공부가 많이 필요합니다.

현재 AI에 관한 교육은 굉장히 극단적이에요. 너무 쉬워서 뭘 배웠다는 생각도 들지 않거나, 아니면 너무 어려워서 무슨 말인지도 잘 모르겠거나. 그렇게 될 수밖에 없는 것이, 보통 프로그램 개발이라고 하면 사용하는 프로세스를 바탕으로 결과물을 예측할 수 있습니다. 하지만 AI의 경우에는 결론이 도출된 과정을 알기가 어려워요. 어떤 과정을 통해 결과물이 나온 것인지 확인하려면 할 수는 있지만, 그 과정이 10조 개가 넘는 과정을 거친 것이라고 하면 현실적으로 검토하기 어렵죠. 차라리 사막에서 바늘을 찾는 게 더 쉬울 거예요. 그래서 모델에 따라 학습과 결과가 잘 나온다는 것은 알지만 얘가 어떻게 자연어를 처리했는지, 이미지를 처리했는지, 소리나 영상을 어떻게 인식해 냈는지 알기가 어려워요. 그래서 공부하려면 모델부터 쭉 해야 하는데, 수학적으로 하려면 대학원 수준의 지식을 요구하죠. 그러다 보니 교육 역시 아예 모델 언어부터 시작하거나 활용법 정도만 하고 끝내게 되는 거예요.

저 같은 경우, AI에 관한 공부는 보통 논문을 이용하고 있습니다. 가장 최근에 나온 논문을 읽으면 최신 자료를 알 수 있는데, 이전의 연구를 알아야 이해할 수 있는 것들이 있어요. 보통 레퍼런스가 표기되어 있으니 해당 논문을 참조하면 도움이 됩니다. 그렇게 새로운 논문을 보다 보면 그곳에도 레퍼런스 표기가 되어 있는데, 그걸 통해 다시 이전 논문을 보는 거죠. 이 과정을 반복하다 보면 AI 연구가 어떤 흐름을 통해 이루어지고 있는지 파악할 수 있어요. 이것을 파악한다면 AI공부가 훨씬 수월해질 것입니다.

하지만 휴대전화의 원리를 알아야 휴대전화를 쓸 수 있는 것이 아니듯, 꼭 AI에 관한 전문적인 지식을 가져야 하는 것은 아니에요. 제가 말씀드리는 것은 어디까지나 직접 개발을 하기 위해 공부할 때를 말씀드리는 거죠. 저도 처음에는 시행착오가 많았습니다. 막 배우기 시작했을 때, 여러 가지를 조합하여 모델을 만들어 보았는데 막상 돌려보니 안 되더라고요. 그래도 원인을 알기 어려우니, 다시 돌려보며 보완해 나가는 거죠.

만약 지원 사업을 받는다면, 예산을 사용할 때 계획을 잘 세워야 합니다. 직접 개발을 하는 경우 일반적인 컴퓨터로는 개발이 어려워 GPU 자원을 대여해야 합니다. 그런데 보통은 대기자가 무척 많아요. 그래서 개발을 시작하지 못한 채 예산 소모도 하지 못하는 상황에 처하기도 합니다.

AI를 이용한다는 대부분의 사업 아이템은 개발이 아닌 활용에 속합니다. 그리고 활용이라면 굳이 AI에 관해 공부를 할 필요는 없지요. 이를 혼동하지 않고 어느 정도로 공부할지를 잘 가늠하여 진입하는 것이 좋을 것입니다.

누가 정부창업지원을 받는가

초판 1쇄 발행 2024년 09월 30일
개정 1쇄 발행 2024년 11월 01일

글 밤산책가
책임편집 조승래
편집 최현옥
디자인 이현정[미미캣 스튜디오]
펴낸이 조승래
펴낸곳 밤산책가

출판등록 제2023 - 000024호
주소 광주광역시 동구 금남로 245, 전일빌딩 523호
이메일 yeosu115@naver.com
인스타그램 @evening_evening_

ⓒ밤산책가

ISBN 979-11-987645-4-6 (13320)